김군의 마음, 식물편

식물에게서 깨우침을

김홍찬 · 이진숙 저

영성을 위한 교재
식물을 통해 진리로 안내하는 책
성경 속 31가지 식물의 깊은 의미

한국상담심리연구원

김군의 마음, 식물편

식물에게서 깨우침을

1판 1쇄 인쇄일 2017년 8월 25일

지은이 : 김홍찬 · 이진숙

발행인 : 김홍찬

펴낸곳 : 한국상담심리연구원

(www.kcounseling.com)

03767 서울시 서대문구 신촌로 215-2 전진빌딩 3층

☎ 02)364-0413 FAX.02)362-6152

출판등록 제2-3041호(2,000년 3월 20일)

값 15,000원

ISBN 978-89-89171-20-1

사단법인 한국상담심리연구원에서는 매주 목요일에 성서 영해 공
개강좌를 하고 있습니다. 참석하고자 하시는 분은 연락 주시기 바
랍니다.

위치 : 이대역 4번 출구

김군의 마음, 식물편

식물에게서
깨우침을

김군의 마음, 식물편을 기쁜 마음으로 환영한다. 연거푸 마음의 세계를 다니면서 진리를 구하고자 하는 심정으로 동물편, 질병편, 식물편을 세상에 내놓게 되었다. 이로써 나는 성경속의 식물에도 무궁무진하고 심오한 의미가 함축되어 있다는 것을 깨닫게 되었다. 또한 식물도 동물과 마찬가지로 주님의 사랑과 지혜로 생명을 유지하면서 살아가는 유기체라는 것을 알게 되었다.

나는 짐승에게 했던 것처럼 식물에게도 동일하게 이렇게 인사하면서 대화를 시작하였다. "나는 진리를 찾아 마음의 세계를 여행 중입니다. 당신에 대해 말해 주시기를 바랍니다."

그리고 식물로부터 그들이 마음의 세계에서 의미하는 바를 듣고자 하였다. 그것은 성경이 말하고자 하는 속 깊은 진리이다.

식물은 주님께서 말씀하신 씨 뿌리는 비유처럼 한 알의 작은 알갱이의 씨앗이 땅에 뿌리를 내리고, 씨는 줄기와 싹을 내고 아름다운 꽃을 피워 열매를 맺는다. 이런 과정은 마치 사람의 성장과 같다고 볼 수 있다.

씨는 밭에 떨어져 임신하는 것이요, 줄기는 몸, 가지는 팔, 꼭대기는 머리, 껍질은 피부, 잎은 허파의 기능이 형성되는 것을 말한다. 그리고 식물이 어느 정도 자라면 성인과 마찬가지로 종자를 퍼뜨려 새로운 씨를 양산한다.

영적으로 말하면 씨는 가르침과 교훈이고, 줄기와 잎은 진리의 지식, 꽃은 깨달음, 열매는 선용의 삶이다.

식물은 성장하면서 번식하는 본능을 갖고 있다. 태양의 빛과 함께 위로부터 내려오는 생명력과 섭리에 의해 존재한다. 결코 자연 스스로의 힘으로만 그렇게 될 수는 없다. 비록 보이지 않지만 영적인 근본 없이는 그렇게 성장할 수 없다.

자연이 그렇게 하늘에 의지하고 살아가는 것은 내게 큰 교훈을 안겨 주었다. 내 자신이 주님을 의지하여 숨 쉬면서 살아가고 있다는 사실을 더욱 절실하게 느끼게 해주었다. 나는 '김군의 마음'을 연구하면서 점차적으로 주님을 의지하는 마음이 더욱 더 해지는 것이 느껴졌다. 덧붙여 여러 시험이 연속적으로 닥치면서 나는 매번 느끼는 마음이지만 내 일생에 주님이 도와주시지 않으시면 도저히 숨 쉴 수 없다는 심정이 더해졌다. 나는 요셉과 마찬가지로 깊은 구덩이에서 빠져서 주님의 도우심만 애처롭게 기다리는 심정이 되었다.

그리고 바울의 고백처럼 육신을 떠나 주님과 거하고자 하는 간절한 마음이 더해만 갔다. 과연 예수를 믿고 축복받았다고 간증하는 이들의 말은 영혼의 평안함과 구원의 즐거움에서 올라오는 말인지 아니면 세상에서 부귀영화를 누려서 하는 말인지 구별이 안 된다. 이도저도 아니면 자족하는 삶의 비결을 배워서인가?

어찌되었든지 간에 이 책은 본질적인 삶을 얻고자 하는 영혼의 간절함에서 시작했으며, 식물과 대화형식을 빌렸지만 식물이 마음의 세계에서 무엇을 의미하는 지와 그 의미가 주님의 본질적 진리인지를 헤아려 보고 그 연관성을 통해서 은혜를 얻었다.

나는 이 책을 통해 나 자신의 삶을 되돌아보면서 천국 시민으로 거듭나야 한다는 간절한 마음을 얻게 되었다.

성경에는 "하나님이 그 땅에서 보기에 아름답고 먹기에 좋은 나무가 나게 하셨다." (창2:8-9). 이런 구절은 본래 인간의 영적 상태가 얼마나 순수했던가를 말해주는 대목이다. 보기에 좋고 먹기에 아름다운 나무는 주님의 말씀을 기뻐하며 그대로 실천하면서 살아가는 순결한 마음 상태를 말한다. 보기에 좋다는 말은 깨달음이 있다는 의미이고 먹기에 좋았다는 의미는 삶으로 이어졌다는 의미이다. 인간은 본래 그렇게 시작하였다.

나는 이 책을 통해서 그런 상태를 더욱 그리워하게 되었다.

그간에 나는 김군의 마음 시리즈 제1편 짐승과 새에 대해서 제2편 질병에 대해서 제3편 식물에 대해서 집필하였다. 그간 나는 주로 상담학 책을 내었는데, 이제 영적으로 변화되어 김군의 마음 같은 영성의 책이 연속적으로 나오면서 흐뭇함이 느껴졌지만 한편 이로 인해서 나 자신이 자만해질까 두려워졌다. 내게 있어서 책 출판보다 더 중요한 것은 나 자신이 개혁되고 변화하는 것이고 진리의 열매를 맺는 것이기 때문이다.

나는 다시 식물의 잎사귀를 쳐다보았다. 진한 녹색의 잎사귀에 태양의 빛과 열기가 닿아서 생명력이 충만함을 느꼈다. 저 잎사귀 속에 보이지 않는 은밀한 변화와 성장이 진행되고 있음을 상상하면서 주님의 위대하심에 감탄한다.

나는 빛과 열기를 통해 자연만물과 결합하여 생명을 이끄시는 주님의 신비로움에 뭉클한 가슴으로 이렇게 노래한다.

"태양으로부터 빛이 들어오면서 양심 경고의 종소리가 울리기 시작했습니다. 나는 양심의 종소리를 들으면서 심각한 고통과 비애를 느껴야만 했습니다. 양심의 소리는 나로 하여금 진리를 찾게 하였고 새 혁명을 위한 투쟁을 하도록 이끌었습니다. 태양으로부터 빛이 들어오면서 내안에 변화가 감지되었습니다. 그 빛은 사정없이 내 안을 휘집어 놓았습니다. 초기에는 불안에 휩싸였으나 신령한 사랑은 평안의 세계로 나를 인도했습니다. 태양의 빛이 들어오면서 나는 무언가 벗겨지는 것이 느껴졌습니다. 정욕과 거짓의 껍질이 점차적으로 하나 둘씩 떨어져 나갔습니다. 태양의 빛이 들어오면서 체질의 변화가 생겼습니다. 섬유조직이 새로운 가닥으로 짜여 지고 동맥 속에 선의 피가 들어오면서 맛은 달라지기 시작했습니다. 태양의 빛이 들어오면서 깨달음이 왔습니다. 속사람이 겉사람을 지배하기 시작하였습니다. 그리하여 새로운 틀이 형성되기 시작하였습니다. 나는 주님께서 이 일을 하셨다는 사실을 알게 되었습니다. 주님은 창조주이시며 나의 삶을 이렇게 만들어 가셨습니다. 거듭남은 죽은 자를 살리는 창조 작업이며 주님의 영화로움의 형상이라는 것을 알았습니다.

주님의 빛은 병든 상태에 다가오는 의사의 손길이며. 병든 몸을 건강한 몸으로 수술하는 섬세한 의사의 손길입니다.

회복되면서 나의 인격은 새로운 맛을 내게 되고 중심에 선이 자리 잡게 되었습니다. 그리하여 내 심장을 새로운 심장으로 바꾸어 버렸습니다. 내 피를 새로운 혈액으로 가득 채웠습니다. 내 기질을 새로운 기질로 만들어 버렸습니다. 나의 속과 껍질의 형체를 바꾸어 놓았습니다. 이로써 나는 달고 맛있는 새로운 맛으로 인도되었습니다. 만일 이 맛이 나오지 않았다면 나는 사람다운 사람이 되지 못했을 것입니다."

김군의 마음 출판기념회를 열어 주셔서 힘을 북돋아 주신 김성찬 목사님과 김군의 마음 강의 기회를 준비해주신 장애인 사역의 대부 양동춘 목사님께 감사드린다. 이분들은 내게 잃어버리지 말아야 할 분들이다. 이 책의 저자 김홍찬, 이진숙은 부부지간이다. 부모님과 아내와 자녀 모두 시냇가에 심겨진 종려나무처럼 주님을 바라보며 천국을 향해 나아가기를 소원한다. 나의 삶이 태양의 빛으로 인한 녹색 삶이 되기를 소원하면서 이 책을 읽는 모든 이들에게 그런 삶이 오기를 간절한 마음으로 기대한다.

2017년 장미꽃 향기가

날리는 계절에

김홍찬 (Ph.D)

좋은
열매를
얻으려거든
좋은
나무를 길러라

- 마태복음 12장 33절 -

| 목차 |

제1부

나무

올리브나무를 만나다

올리브나무는 성경에는 감람나무라고 부르는 나무이며 팔레스타인에서 잘 자란다. 올리브나무의 잎사귀는 사철 푸르고 꽃은 작고 희며 많은 꽃이 핀다. 올리브나무는 모양이 볼품없고 몸체가 울퉁불퉁하게 비비 꼬여 있고 고목이 되면 몇 갈래로 갈라진다.

올리브 나무의 열매가 익게 되면 나무를 흔들어 열매를 털어낸다. 그 열매로 기름을 짜면 한 나무에서 15-20되의 기름이 나온다고 한다. 보통 기름은 식용이나 등을 켜는데 사용된다. 올리브나무는 소출이 아주 풍부한 나무이다.

올리브 나무는 동서양 모두 평화의 상징으로 여겼으며, 신성한 의식에 쓰였다. 거룩한 등불을 켰고(출27:20), 제물로 드렸으며(민 7:13-79), 거룩한 관유를 만들어 회막과 증거궤 등 모든 기구와 물건에 발라 지성물로 구별하였으며(출30:22-30), 왕과 제사장에게 기름을 부어서 성별된 자가 되도록 하였다(레8:10-12).

나는 올리브 나무에게 다가가 "나는 마음의 세계에서 진리를 찾아 다니고 있습니다. 당신에 대해 알려 주시기를 바랍니다."

올리브나무는 "무엇이 알고 싶습니까?"

나는 "마음의 세계에서 당신의 기름은 무엇을 의미합니까?"

올리브 나무는 "기름은 주님의 인자하심을 의미합니다. 인자하심은 주님께서 베푸시는 친절을 말합니다. 흔히 동료들과 마찰이 있을 때 화해하는 것을 기름칠을 한다고 하지요? 친절은 기름칠과 같아서 상처받은 감정의 응어리를 풀어줍니다."

나는 "그러면 주님의 인자하심은 무엇인가요?"

올리브 나무는 "주님의 인자하심은 마음의 높은 상태인데 주님의 친절하심입니다."

나는 "참으로 은혜로운 말이군요. 주님이 베푸시는 친절함이라"

나는 주님의 인자하심과 친절함이 같은 것인가를 생각하였다.

그러자 올리브 나무는 내 생각을 알고는 이렇게 말했다.

"의인이 나를 칠지라도 은혜로 여기며 책망할지라도 머리의 기름같이 여겨서 내 머리가 이를 거절치 아니할지라(시141:5). 주님의 인자하심에 관한 소중한 말씀입니다. 얼마나 보배로운 말씀인가요?"

나는 "기름은 무슨 용도로 쓰이지요?"

올리브 나무는 "기름은 임금과 제사장을 세울 때 머리에 붓는 용도로 쓰이고, 등잔에 기름을 부어 태워서 주님께 바치는 예물로 쓰입니다."

나는 "그러니까 주님의 인자하심으로 왕과 제사장이 세움을 입는다는 뜻이군요."

올리브 나무는 "그렇습니다. 올리브기름은 주님의 인자하심에 대한 즐거움입니다. 그러므로 이런 기름을 내는 올리브 나무는 믿음을 상징합니다. 올리브 열매의 씨는 주님의 인자하심에 대한 믿음의 고백을 상징합니다."

나는 "올리브나무가 그런 의미가 있군요."

올리브 나무는 "네, 올리브 나무는 오직 주님만이 선하시다는 진리의 핵심이 들어 있습니다."

나는 "그래서 주님께서 올리브 나무가 많은 겟세마네동산에 가셔서 기도하시고 쉬셨나요?"

올리브 나무는 "그렇습니다. 주님은 낮에는 성전에서 가르치시고 밤에는 나가 감람원이라 하는 산에서 쉬셨고(눅21:37), 습관을 따라 감람산에 가셨고(눅22:39), 최후 만찬을 마치신 후에는 찬미하고 감람산으로 나아갔습니다." (마26:30)

나는 "아 그렇군요. 주님은 감람산에 자주 가셨네요. 그렇다면 주님의 인자하심은 우리의 쉴만한 장소가 되겠군요. 힘들고 어려울 때마다 주님께 나아가서 의지해야 되겠네요."

올리브 나무는 "네 주님의 인자하심은 곧 성도들의 처소입니다. 그래서 성경에 푸른 감람나무는 하나님의 집에 있다고 하였습니다." (시52:8).

나는 올리브 나무를 다시 쳐다보았다. 올리브 나무는 아득한 분위기를 자아내며 황금 빛깔이 감도는 갈색이었다. 잎사귀는 바람이 나부낄 때 아래쪽의 은색깔이 반사되어 반짝거렸다.

과거 헬라인들은 기도할 때 올리브 나무 지팡이를 가지고 짚었으며 올림픽 경기에서는 최고의 승자에게 올리브 나무 잎으로 만든 관을 씌워 주었다고 한다.

나는 시온에서 슬퍼하는 자에게 화관을 주고 희락의 기름으로 슬픔을 대신한다는 구절이 생각났다(사61:3).

올리브 나무는 내게 성경구절을 소리 내어 낭송하였다. "보라 형제가 연합하여 동거함이 어찌 그리 선하고 아름다운고 머리에 있는 보배로운 기름이 수염 곧 아론의 수염에 흘러서 그의 옷깃까지 내림 같고 머리에 있는 기름이 형제의 화합과 동거함의 아름다움을 주었고 제사장 아론의 흰 수염이 길게 느리워진 것 같다."(시133:1-2).

나는 "무슨 의미이지요?"

올리브 나무는 "형제들은 우애로 연합되어 있습니다. 그들의 우애는 친절함의 기름을 붓는 것과 같습니다. 주님께서 심령을 어루만지셔서 그들의 삶을 선하게 하시기 때문입니다."

나는 "그렇군요. 성경에 값비싼 기름을 옥합에 담아 주님의 발에 부은 여자의 이야기가 있습니다. 아시나요?"

올리브 나무는 "당연히 압니다. 그 여인은 향유를 담은 옥합을 가지고 울면서 눈물로 주님의 발을 적시고 자기 머리털로 닦고 그 발에 입 맞추고 향유를 부었습니다."(눅7:36-50).

나는 "무슨 의미이지요?"

올리브 나무는 "여인은 주님께 사랑을 표현한 것입니다. 향유는 사랑을 의미합니다."

나는 "그런데 왜 발에 부었을까요?"

올리브 나무는 "주님의 발은 풀무 불에 단련한 빛난 주석 같다고 한 말을 들어 보셨지요? 그 의미는 주님의 발은 일상적이고 자연적인 선의 상태를 의미합니다."

나는 "아! 그러니까 여인은 겸손하게 주님께 사랑을 표현하였군요."

올리브 나무는 "그렇습니다. 마리아의 경우에도 비싼 향유 한 근을 가져다가 주님의 발에 붓고 자기 머리털로 발을 닦았는데 향유 냄새가 집에 가득하였다고 했어요." (요.12:3).

나는 "향유 냄새가 집에 가득하다는 것은 무슨 의미이지요? 주님의 인자하심이 마음에 가득하다는 뜻인가요?"

올리브 나무는 "네, 향유 냄새가 집에 가득하다는 것은 주님께 대한 사랑이 마음에 가득하다는 것을 의미하는 것이 아니겠습니까? 하하!"

나는 "집은 무엇을 의미하나요?"

올리브 나무는 "집이란 단어는 둘로 생각할 수 있습니다. 하나는 인간의 의지는 자신에게 있어서 집과 같습니다. 다른 하나는 하나님의 집 즉 성전을 의미합니다."

나는 주님의 인자하심이 내 마음에 가득한 것을 상상해 보았다. 나 같은 죄인에게 베푸시는 주님의 친절하심이 너무 감격스럽고 감사하였다. 나는 곧 마음이 평안하고 새 힘이 느껴졌다. 이제 나는 주님의 인자하심으로 향기를 발산하여 선을 실천해야 하지 않겠는가?

나는 주님의 인자하심을 이렇게 깊게 들어보지를 못했다. 아! 진정으로 주님께서 내게 친절하심으로 다가오신다면 나는 그분의 친절함에 모든 것을 기대여 그분께 맡기리라. 생각해 보면 나의 사는 날 동안 주님께서 얼마나 많은 친절함을 베푸셨는가? 그러나 나는 그분의 친절함을 느끼지 못하고, 내 열심과 지식으로 여기까지 온 것으로 착각했던 것이다. 결국 나의 완악함이 주님의 인자하심을 막았다.

나는 "성경에는 주님께서 천국을 등을 가지고 신랑을 기다리는 열 처녀와 같다고 비유하시면서 그중 다섯 처녀는 등은 있으나 기름이 없고, 다섯 처녀는 등과 기름이 있었다고 했어요. 무슨 의미이지요?"(마25:1-12).

올리브 나무는 "기름이 없으면 천국의 빛을 발할 수 없습니다.

하늘나라 생명에 참여하려면 사랑이 있어야 한다는 뜻입니다. 진정한 사랑 없이 형식적으로 보여주는 삶은 그 나라에서는 인정받을 수 없어요. 저세상에서 생명의 불을 밝히는 기름을 구할 수가 없습니다."

나는 "사랑의 기름이 없으면 천국의 삶이 이어지지 않는다는 건가요?"

올리브 나무는 "그렇습니다. 믿음의 눈이 밝아지면 당연히 사랑을 실천하게 됩니다."

나는 "아! 그렇군요. 노아 홍수 때 비둘기가 올리브나무 잎사귀를 물고 돌아왔다고 했어요. 비둘기가 물고 온 올리브나무 잎사귀는 무엇인가요?"(창8:11).

올리브 나무는 "올리브 나무 잎은 주님의 인자하심을 아는 지식을 말합니다. 다시 말해서 주님의 인자하심에 눈을 뜨는 것입니다."

나는 "비둘기가 물고 온 잎사귀는?"

올리브 나무는 "믿음의 지식이라고 할 수 있습니다. 노아 홍수 시험에서 희망을 주시는 주님의 친절을 지각하는 것입니다."

나는 "주님께서 절망 속에서도 희망을 잃지 않도록 배려하셨군요. 그러면 주님께서 올리브 동산에서 예루살렘을 보시고 우셨는데, 올리브 동산은 무엇입니까?"

올리브 나무는 "올리브 동산은 흔히 겟세마네라고 해서 기름틀이라는 뜻을 가지고 있어요. 주님은 그곳에서 기도하셨습니다. 이는 주의 백성을 사랑하시는 인자하신 마음입니다."

나는 "왜 주님은 그곳에서 기도하셨을까요?"

올리브 나무는 "겟세마네는 주님의 사랑이 연출되는 곳이지요. 사랑으로 살아가는 성도들이 세속적 악과 대결하는 것을 의미합니다. 그래서 기름을 짜는 틀이라고 이름을 붙인 것입니다."

나는 "주님께서 밤이면 감람원에서 쉬셨다고 하시지 않았나요?" (눅21:37).

올리브 나무는 "그 의미는 주님께서 친절한 말과 일로써 평안을 누리셨다는 의미입니다."

나는 "저도 주님처럼 친절한 말과 일로 평안을 누리기를 원합니다."

올리브 나무의 열매는 초기에 익기 전에는 쓰고 시지만, 익으면 기름이 가득하다고 들었다. 그 의미에 대해서 한참을 생각하였는데, 지금 현재 당하는 고난으로 덜 익은 삶에 낙심하지 말고 시련과 고난이 있더라도 인내를 가지고 주님의 인자하심을 기다리면 기름이 가득한 열매처럼 반드시 주님의 선하심을 얻게 된다는 것을 깨달았다.

고로 인격이 성숙하기까지 인내가 필요하다. 믿음과 사랑이 들어 있는 인격은 천국에 합당한 존재가 되는 것이다. 그러기 위해서는 무엇을 해야 하는가? 먼저 내 안에 맹수와 잔인한 늑대를 제거하고 양을 불러들이고, 내 안에 가시덤불을 제거하고 옥토를 일구는 작업이 선행되어야 한다.

우리가 이세상은 나그네 길이라고 한다. 잠깐 머물다 가는 곳이다. 진정한 내 집은 주님께서 진리를 따르는 자를 위해 준비하신다고 하셨다. 그 집을 마련하기 위해서 세상에서 진리를 실천하고 선을 행하여 하늘나라에 재물을 쌓아두는 것이다. 그리고 그 재물로 하늘나라 내 집을 장만하는 것이다. 그것이 이 세상에서 우리가 해야 할 일이다. 나도 그 일을 위해 준비하고자 한다.

올리브 나무와 헤어지고

포도나무를 만나다

나는 키 작은 포도나무를 보았다. 포도나무는 혼자의 힘으로는 서있을 수 없고 덩굴손으로 다른 나무에 기대서 지탱한다. 포도나무의 잎사귀는 크지만 꽃은 작고 눈에 잘 띠지 않는다. 포도는 송이가 달리고 열매는 단 즙이 풍부하며 포도주의 원료가 된다. 포도즙에는 세균을 잡아먹는 100여종의 균이 있어서 암치료에 도움이 된다고 한다. 고대로부터 포도는 젊음과 영생, 다산의 상징이다.

나는 포도나무에게 다가가서는 "나는 마음의 세계에서 진리를 구하고 있습니다. 부디 당신에 대해 알려주시기를 부탁드립니다."

포도나무는 "우리는 다년생이고 열매를 많이 맺는 나무 중의 하나입니다."

나는 "마음의 세계에서 열매는 무엇을 의미하나요?"

포도나무는 "선한 결과입니다."

나는 "어떻게 해서 그렇게 열매를 많이 맺나요?"

포도나무는 "햇볕을 많이 받아서 그렇습니다."

나는 "마음의 세계에서 햇볕은 무엇을 의미하지요?"

포도나무는 "햇볕은 주님의 사랑과 지혜입니다. 햇볕을 받지 못하면 열매를 풍부하게 낼 수 없는 것처럼 영적 깨달음의 높은 경지에 이를 수 없습니다."

나는 "어떻게 해서 그렇게 잘 익은 포도 알갱이를 낼 수 있지요?"

포도나무는 "땅에서 빨아올린 물과 햇빛과 대기를 흡수시켜 포도 알갱이속의 즙을 만들어 냅니다."

나는 "그 의미는 주님의 사랑과 지혜가 조화를 이루어야 한다는 것이군요?"

포도나무는 "올리브 나무는 주님의 인자하심을 의미한다면 포도나무는 주님의 지혜를 말합니다. 열매는 영적 지혜를 향해 변화하는 것을 의미합니다."

나는 "영적 생명이 발효되는 과정을 말하는군요."

포도나무는 "네, 그렇게 해서 포도는 사람의 마음을 기쁘게 합니다"(시104:15).

나는 "마음의 세계에서 포도나무는 무엇입니까?"

포도나무는 "성경에서는 교회를 포도나무나 포도원에 비유하고 있습니다. 포도나무는 영적인 진리를 의미합니다. 영적인 생명의 원리입니다."

나는 "주님께서 자신을 참 포도나무라고 부르셨는데, 왜 그렇게 불렀을까요?"

포도나무는 "그분에게서 영적 진리가 비롯되기 때문입니다."

나는 "그러면 마음의 세계에서 포도주는 무엇을 의미하나요?"

포도나무는 "포도주는 거짓에서 진리로 죽음에서 생명으로 변화되는 것을 말합니다."

나는 "성만찬의 포도주가 그런 의미인가요?"

포도나무는 "그렇습니다. 주님은 포도주를 자신의 피라고 하시면서 마시라고 하셨습니다. 피는 생명입니다. 마음의 세계에서 피는 진리를 말하기 때문입니다."

나는 "성경에는 가나의 혼인 잔치에 포도주가 떨어졌을 때, 주님께서 물을 포도주로 변화시키셨던 기적을 베푸셨어요." (요2:1-12).

포도나무는 "혼인잔치에 포도주가 떨어졌다는 것은 진리가 소멸된 것을 상징합니다."

나는 "그때 하인들이 물을 떠왔어요. 하인들은 무슨 의미이지요?"

포도나무는 "하인들은 섬기는 자입니다. 종교적으로 생각해본다면 그들은 교회의 성직자들입니다."

나는 "천사들도 섬기는 자들이지요?"

포도나무는 "그렇습니다. 천사들은 구원받는 자들을 위해 섬기는 영들입니다. 주님께서도 너희 가운데 큰 자가 되고자 한다면 그들의 하인이 되어야 한다고 하셨습니다."

나는 "네"

포도나무는 "결혼 잔치의 하인들은 주님의 뜻을 수행하는 이들입니다."

나는 "그러면 성경에 등장하는 포도원의 일꾼들도 그런 의미인가요?" (마20:1-16).

포도나무는 "네, 주님께서 포도원에서 일할 일꾼을 고용하시는

데, 일꾼들은 진리의 지식을 위해서 필요합니다."

나는 "진리의 지식을 위해서 일꾼들이 필요한가요?"

포도나무는 "주님의 포도원에서 일하고자 한다면 당연히 진리의 지식이 있어야만 일할 수 있습니다. 그곳에서 일꾼들은 진리를 합리적으로 터득하게 해주는 분들입니다."

나는 "진리를 합리적으로 이해한다면 어떻게 되나요?"

포도나무는 "거듭나게 됩니다."

나는 자신을 향해서 과연 하늘나라 진리를 얼마나 알고 있는가를 생각해 보았다. 진리의 본질적 의미를 제대로 깊이 이해할 수 있는 그런 하늘의 총명함이 과연 있는가?

예컨대, 성경을 읽거나 자연만물을 보면서 주님의 섭리를 헤아릴 수 있는가?

적어도 하늘나라 법이라고 하는 진리를 어느 정도로라도 이해해야 만이 진리에 대해 무지하거나 인생의 길을 찾지 못하는 자에게 이생과 저세상의 연결된 질서를 균형 있게 정리 정돈할 수 있지 않겠는가?

세상에서 잘살고 축복받는 일에만 열을 올린다면 과연 죽어서 영생에 들어갈 수 있는 삶이 될 수 있는가? 그렇다면 그것이 무슨 종교라고 말할 수 있을까? 나는 부자청년을 생각했다. 세상에서 물질을 위해 전심해서 살았던 사람이 하늘나라에 들어가기 위해 필요한 것이 무엇인가를 알고자 주님께 찾아왔던 부자 청년의 교훈을 들어야만 한다.

그는 결론적으로 하늘의 질서를 배웠으나 재물에 대한 욕심으로 인해 근심하면서 주님으로부터 등을 돌렸다. 주님은 청년의 뒷모습을 보시고 부자가 천국에 들어가기가 무척 어렵다고 하시면서 부자가 천국에 들어가기가 낙타가 바늘귀를 통과하는 것처럼 어렵다고 하셨다.

이 말씀을 해석하자면 낙타는 자연성을 말하고 바늘귀는 영생을 의미한다. 그러니까 거듭나지 않은 자연적인 인격으로는 천국에 맞지 않다는 그런 깊은 의미가 들어 있다.

나는 "주님께서 항아리에 물을 채우라고 하셨습니다. 그리고 하인들은 주님의 말씀에 순종하여 항아리에 물을 넘치도록 채웠습니다. 무슨 의미인가요?"

포도나무는 "물은 진리를 의미합니다. 물을 채웠다는 의미는 주님께서 진리의 가르침을 베푸셨다는 것을 말합니다."

나는 "그렇군요. 그러면 물이 변하여 포도주가 되는 건가요?"

포도나무는 "네, 그것은 마치 포도송이가 익어서 포도주가 되는 과정이라고 말할 수 있습니다. 진리를 통한 깨달음으로 삶의 변화를 이루는 것이지요. 물이 변하여 포도주가 되는 것은 자연적 진리를 통해 영적 진리의 단계에 이르는 것입니다."

나는 "변화의 과정이군요?"

포도나무는 "포도주가 익어가면서 당도가 높아지듯이 사람의 마음이 점점 영적으로 변화해가는 것입니다."

나는 "진리를 깨달으면 그렇게 되나요?"

포도나무는 "진리가 삶의 뼈대를 이루게 되면 사람은 생명을 얻게 되고 인격적으로 성숙하게 됩니다. 포도주가 발효되는 과정은 사유 과정에서 진리로 깨끗하게 되는 과정이고, 생명의 활력소가 되는 것입니다.

나는 "그리고요?"

포도나무는 "포도나무는 주님의 지혜를 의미한다고 했지요? 사람의 마음속에 포도나무가 심겨지면 주님의 지혜를 깨닫는 능력이 생기게 됩니다. 그러면 선한 일에 그 지식을 활용하게 됩니다."

나는 "주님의 지혜를 가지고 선용한다고요?"

포도나무는 "그렇습니다. 그래야 성장을 이루게 됩니다."

나는 "잘 알겠습니다. 그런데 주님을 믿노라고 하면서 세속에 얽매여서 지배욕과 소유욕에 얽매이면 어떻게 되나요?"

포도나무는 "그러면 결국 열매가 소멸됩니다. 그러므로 거짓되고 혼란스런 가지를 잘라내야만 합니다."

나는 "아! 가지치기를 말하는 거지요? 진리 없이 세상의 지식만 있게 된다면 포도 나무가 열매 없이 잎만 무성한 꼴이 되는군요."

포도나무는 "네, 포도송이를 맺히려면 가지를 쳐주고 햇볕을 많이 쬐어야 합니다. 포도송이의 맛은 천태만상입니다. 각각의 포도 알갱이에 따라 맛이 다릅니다. 어떤 것은 시기도 하고 떫기도 하고 달기도 하고 상쾌한 맛도 있습니다."

나는 포도송이가 익어가는 것은 진리의 깨달음에 이르는 인격적 성숙이라는 것을 알게 되었다.

어느 분은 말하기를 자신은 어린 시절에 그림 그리는 재주가 좋아서 학교에 가면 전교생 앞에서 상도 타고 친구들의 부러움의 대상이 되었다고 한다. 그는 초등학교 시절 먼 길을 통학하는 동안 늘 외로움에 시달렸다고 하였다. 성인이 된 후 목사가 되어 열

악한 상황에서 목회를 하다 보니 과거에 어린 시절을 지배했던 외로움이 점점 더 커져만 갔다. 그는 외로움에 슬프게 울었다.

나는 그에게 말했다. "어린 시절에 외로움은 이제 목회현장의 외로움이 되었군요. 그러나 이제 인격적으로 성숙한 당신에게 찾아오는 친구는 천사이고, 당신의 즐거움은 영혼의 놀이터에서 인격이 성숙되는 과정을 보시는 것입니다. 당신의 마음이 점점 성숙하면서 당신에게 풍겨 나오는 삶의 질적 풍요로움으로 사람들에게 진리의 기쁨을 나눠주어 당신에게 호감을 갖도록 하세요."

나는 "포도나무는 왜 홀로 서있지 못하지요?"

포도나무는 "포도나무가 넝쿨에 의지하는 것은 주님을 의지하여 높은 영적 깨달음의 경지를 향하여 나가는 성품을 의미합니다."

나는 "아! 주님을 의지하라는 신호이군요. 그렇게 해서 위를 향해 나아가나요?"

포도나무는 "그렇습니다. 진정으로 주님의 지혜를 기뻐하는 마음이 있을 때 위를 향해 나아갈 수 있습니다. 다시 말해서 주님의 지혜를 바라보면서 이웃사랑의 열매를 맺히는 능력을 말합니다."

나는 "주님께서 나는 포도나무요 너희는 가지라 그가 내 안에, 내가 그 안에 거하면 사람이 열매를 많이 맺나니 나를 떠나서는 너희가 아무 것도 할 수 없음이라고 말씀하셨어요." (요15:5).

포도나무는 "포도나무와 가지가 연결된 것처럼 주님과 제자들은 친밀한 관계에 있어야 한다는 말씀입니다."

나는 "주님께서 나는 참 포도나무요 아버지는 농부라고 하신 것은?"

포도나무는 "농부와 포도나무의 관계같이 아버지와 아들의 관계로 말씀하신 것입니다. 그리고 교회와 그분과의 관계를 포도나무와 가지로 말씀하신 것입니다."

나는 "교회에 나오는 자들은 포도나무의 가지라고 볼 수 있나요?"

포도나무는 "네, 모든 가지들이 참 포도나무 가지는 아닙니다. 천국과 연결을 가지고 있어야만 뿌리로부터 자양분을 얻는 가지가 될 수 있습니다."

나는 "사람이 태어나면 천국과 연결이 되나요?"

포도나무는 "세상에 갓 태어난 아이는 천국과 연결되어 있습니다. 사람은 어린아이처럼 순진무구 상태에 있는 동안 포도나무의 가지입니다."

나는 "아 그런가요?"

포도나무는 "그렇지만 선한 열매를 맺지 못하는 자들은 포도나무와 분리가 됩니다."

나는 "열매를 맺지 못하는 가지는 열매 맺는데 방해만 되지요? 그분께서 쳐내시나요?"

포도나무는 "나무에게 열매 없는 가지들은 열매의 방해물일 뿐입니다. 왜냐하면 자신도 열매를 맺지 못하면서 다른 가지들의 열매 맺는 것을 방해하기 때문입니다."

나는 "그러면 자신이나 다른 가지를 위해서 쳐내야만 하나요?"

포도나무는 "네, 열매가 아무리 작아도 열매가 있다면 포도나무와 연결이 계속 됩니다. 많은 열매를 가져 올 수 있습니다."

나는 "네, 사람이 선한 열매를 맺으려면 어떻게 해야지요?"

포도나무는 "주님은 내가 너희에게 이른 말을 통해 깨끗하다고 하셨습니다."

나는 "깨끗하다는 말은 순수하다는 의미인가요?"

포도나무는 "네, 진리로 인해 순수해지는 것을 의미합니다."

나는 "진리는 사람으로 하여금 순수하게 하는 권능이 있군요. 어린 양이 흘리신 피에 옷을 빨아 희게 하시는 분이심을 믿습니다." (계7:14).

나는 과연 사람이 열매를 맺는다는 것은 무엇을 의미하는가를 생각했다. 내 일생을 돌아보면서 나는 열매를 어느 정도 맺으면서 살고 있는가 하는 것을 반성했다. 혹시 잎사귀만 무성한 나무는 아닌지 걱정이 되었다. 열매는 세상에서 잘되고 형통한 것을 말하는 것이 아니고 질적인 면에서 선을 이루는 것을 의미한다. 선이야말로 진정한 열매인 것이다.

결론적으로 포도나무의 존재 목적은 열매이다. 나무는 열매를 맺어야 나무로써 정체성이 세워진다. 종교의 생명은 선을 실천하는 데 있다.

나는 "가지가 포도나무와 연결되어 있어야만 뿌리로부터 영양분이 공급되지요?"

포도나무는 "그렇습니다. 한 가지 알아야할 사실은 인간에게는 자유 의지가 있습니다. 그러므로 사람들은 포도나무와 연결을 하든지 안하든지 선택해야만 합니다."

나는 "아! 주님께서 내 안에 머무르라고 하신 것은 선택하라는 말씀이군요."

포도나무는 "네, 주님께서 제자들의 자유의지에 대고 호소하신 것입니다."

나는 "결국 주님 안에 머물지 않는 사람은 열매가 없는 가지이고, 잘라낼 수밖에 없는 거군요. 어떤 자를 두고 하는 말이지요?"

포도나무는 "그런 자들은 주님을 믿는다고 하지만 명목상의 교인들입니다."

나는 "명목상의 교인들은?"

포도나무는 "한마디로 선한 삶이 없는 자들입니다."

나는 "답답하기도 하고 무섭습니다. 노아가 포도주를 마시고 취하여 그 장막 안에서 벌거벗었다고 하였습니다(창9:21). 무슨 의미이지요?"

포도나무는 "자신의 총명을 과신한 것을 말합니다."

나는 "그러면 음행의 포도주에 취한 것도 같은 의미인가요?" (계 17:2).

포도나무는 "네, 자기 총명으로 주님의 말씀을 우습게 여기고 진리를 모독하면 영적 술 취함입니다."

나는 포도주에 취하거나 열매가 없다는 표현은 삶에서 진리를 이탈하였을 때를 의미한다는 것을 알게 되었다. 노아가 술에 취해서 벌거벗은 일이 있었는데, 이는 진리의 오류가 생긴 교회의 모습이라고 볼 수 있다. 오늘날 진리에 무지하거나 길을 잃어버리고 자기의 소견과 고집으로 삶을 지탱하는 자들이 얼마나 많은가? 이들은 삶의 방향을 조정하는 키 없이 망망대해를 떠돌아다니는 멍텅구리 배와 같다고 볼 수 있다. 한낱 꺼지고 마는 정욕에 취하고 세속적 욕심에 물들어서 욕심에 이끌리어 자신이 보기에는 총명한 듯이 말하지만 진리에 눈뜨지 못하고 미련하고 어리석은 인생을 사는 것이다.

나는 강의를 하면서 분별없이 욕심을 내면서 살아가는 인생을 성경에서는 돼지라고 말하고 있다고 설명을 하였다. 그러자 어느 분이 "그래도 돼지는 고기를 주잖아요?" 라고 말했다. 나는 그에게 "맞습니다. 돼지에게 남은 것은 도살장밖에 없습니다."고 말했다. 욕심에 절어서 살면 남아 있는 것은 영원한 사망이다. 사망이 그를 기다린다면 얼마나 불쌍한 존재이런가?

포도나무와 헤어지고

종려나무를 만나다

나는 줄기가 곧게 솟아오른 종려나무를 만났다. 종려나무는 대추가 열리는 대추 야자나무이다(출15:27, 시92:12, 아7:7-8).

종려나무의 목재는 건축용으로 많이 쓰이며 열매는 식용이 가능하다.

종려나무 가지는 곧고 수려하게 뻗은 외형 때문에 개선하는 전쟁 영웅들을 환영하는 행사에 많이 사용되었고(요12:13, 계7:9), '영광과 아름다움', '기쁨과 승리', 귀인(사9:14)을 상징 한다. 이러한 상징성 때문에 종려나무 가지는 유대 명절인 초막절과 수전절에 사용되었으며(레 23:40, 느 8:15), 제1차 유대 전쟁(A.D 66-70년) 후에는 반세겔 청동 화폐에 또는 로마 황제 베스파시아누스(Vespasianus,

A.D. 69-79년)의 예루살렘 점령 기념주화와 이스라엘 공화국 니켈화에 종려나무 가지가 새겨져 있다.

이외에도 성경에는 종려나무를 '의인' (시92:12), '신부의 품위와 미모' (아7:7-8), '영화로운 통치자' (사9:14)를 상징하기도 한다.

나는 종려나무에게 다가가서 "나는 마음의 세계를 다니면서 진리를 찾고 있습니다. 당신에 대해 알려 주시기를 바랍니다."

종려나무는 "우리는 사막의 뜨거운 열기를 잘 견딥니다."

나는 "어떻게 견디지요?"

종려나무는 "뿌리에 약간의 물기라도 있으면 얼마든지 견딜 수 있습니다."

나는 "당신은 뿌리에 물만 있으면 견딜 수 있다고 했는데, 그 물은 무엇을 말합니까?"

종려나무는 "물은 진리의 지식입니다."

나는 "그런 지식은 시험에서 이길 수 있도록 해주나요?"

종려나무는 "잘 말씀하셨습니다. 우리가 시험당할 때 우리를 방어해주는 것은 진리입니다. 우리가 광야에서 견딜 수 있는 이유는 오로지 주님의 능력 때문입니다."

나는 "당신은 주로 어디에서 삽니까?"

종려나무는 "사람들은 우리를 두고 사막의 나무라고 부릅니다. 사막은 불모지입니다. 우리들은 이집트와 가나안의 중간 지대인 광야에서 많이 삽니다. 그래서 우리는 광야에 거니는 나그네들에게 피난처가 되어 줍니다."

나는 "광야는 무엇을 의미합니까?"

종려나무는 "광야는 세상을 의미합니다. 천국의 축복을 받기 위해서는 악한 세상이 주는 쾌락을 버리고 시련을 견뎌야 합니다."

나는 "사막의 열기는 뜨겁지요? 그것은 영적으로 이기적인 격동인가요?"

종려나무는 "그렇습니다. 주님도 세례를 받으신 후에 광야로 나가서 마귀에게 시험을 당하셨습니다."

나는 "마음의 세계에서 당신은 무엇을 의미합니까?"

종려나무는 "우리는 주님을 아는 존귀한 지식을 의미합니다."

나는 "주님을 아는 지식이라! 어떤 지식이지요?"

종려나무는 "우리의 잎사귀는 구원의 능력을 지각합니다. 우리의 열매는 진리를 의지해서 선하게 살아가는 것을 의미합니다."

나는 종려나무와 일문일답을 하듯이 대화를 하였지만 단순한 그의 말속에는 진리의 힘이 느껴졌다.

종려나무는 거친 광야 길에서 달고 맛있는 열매를 주는 고상한 나무이다. 종려나무 열매의 당분이 많이 있는 즙은 아라크(arrak)라는 술의 원료가 되기도 한다. 그래서 헬라신화에 여신들은 종려나무 잎사귀를 들고 올림픽 선수에게 월계관을 씌워 주었다. 그들은 종려나무 잎사귀를 승리에 이르는 지식이라고 생각하였다.

종려나무의 줄기 꼭대기에는 빽빽하게 피어나는 꽃다발이 있다. 종려나무만큼 꽃을 많이 내는 나무도 드물다. 그 꽃모양은 주를 아는 높은 지식을 상징한다.

나는 "예수께서 예루살렘으로 오신다는 것을 듣고 백성들이 종려나무 가지를 가지고 맞으러 나가 외치되 호산나 찬송하리로다. 주의 이름으로 오시는 이 곧 이스라엘의 왕이시여 하고 외쳤습니다(요12:12-13). 무슨 의미를 말하지요?"

종려나무는 "그 의미는 주님을 구원의 능력으로 오시는 왕으로 고백하는 것입니다."

나는 "백성들이 당신을 손에 들고 외쳤지요?"

종려나무는 "네, 종려나무 가지는 큰 잎입니다. 요한 계시록에서도 흰 옷 입은 큰 무리가 보좌 앞과 어린 양 앞에 서서 큰 소리로 구원하심이 보좌에 앉으신 우리 하나님과 어린 양에게 있다고 종려 가지를 들고 외쳤어요."

나는 "당신을 들고 외친 것은 주님의 구원하시는 능력을 기쁘게 시인한다는 의미인가요?"

종려나무는 "그렇습니다. 종려나무 가지를 든다는 것은 구원의 주로 고백하고, 그 능력에 의지하여 높은 깨달음에 도달하는 것을 말합니다."

나는 "가지를 들고 손으로 흔든다는 의미는 구원의 진리에 도달하는 기쁨의 표현이군요. 그러니까 거칠고 메마른 사막 한가운데서 나그네들이 쉼을 주는 나무 그늘을 사모하듯이 구원을 사모하는 거네요."

종려나무는 "맞습니다. 생수의 근원으로 나가는 것이 구원의 즐거움입니다."

나는 "그런 즐거움을 얻으려면 어떻게 해야 하나요?"

종려나무는 "성도들이 무지로 인한 욕심을 씻어내고 진리를 깨닫고자 힘쓰며 구원의 하나님을 의지해야 합니다."

나는 "종려나무 숲은 사막을 유랑하는 나그네에게 시원한 그늘과 오아시스를 제공하는 안식처입니다. 그 그늘에 쉬기를 원합니다.”

종려나무는 “히브리인들이 이집트에서 나와서 광야를 지나 요단을 건너 곧바로 여리고성에 도달했습니다. 여리고성은 종려나무 도성이라고 부릅니다. 거룩한 땅의 첫 도시입니다. 믿음의 한 걸음을 디딘 것을 의미합니다.”

나는 “히브리인들이 여리고 성을 일곱 바퀴 돌았지요?”

종려나무는 “일곱은 거룩과 안식의 숫자입니다.”

나는 “아! 그렇군요. 영적인 의미가 그 속에 들어 있네요.”

종려나무는 “그렇습니다. 종려나무를 설명하면, 모진 시련에서 구원받은 기쁨의 열매, 구원의 하나님으로 믿는 줄기, 믿음의 교훈의 씨, 생수에 맞닿아 있는 뿌리를 의미합니다.”

나는 “종려나무 자체가 믿음의 증언자이군요.”

종려나무는 “진실로 세상에서 구원을 얻고자 한다면 주님의 능력을 의지해야만 합니다.”

나는 성경에 히브리인들이 물 샘 열둘과 종려나무 일흔 그루가 있는 곳에 장막을 쳤다는 구절을 떠올렸다(출15:27). 거칠고 메마른 광야와 같은 시험의 때를 지나 진리가 샘솟는 곳, 주님을 높이는 평화의 장소 그곳이 우리가 머물 곳이다.

나는 이런 모습을 상상해본다. 히브리인들이 얼마나 많은 시간을 뙤약볕과 뜨거운 모래 길을 힘들게 걸어 왔던가? 그들은 남녀노소를 막론하고 서로 부축이면서 더 이상 몸이 쇠약하여 지쳐서 걸을 수 없을 정도가 되었을 때, 드디어 물 샘 열둘이 있는 장소를 발견하였다. 열둘이라는 숫자의 의미는 전체를 의미하고 다양한 것을 말한다.

그곳에서 신선하고 시원한 샘물을 마시면서 갈한 목을 축이는 그들의 모습은 온통 거짓과 죄악에 시달려 영혼이 지치고 갈급한 자들에게 진리로 그들을 새롭게 하시는 주님의 은혜를 생각나게 한다. 그래서 그들은 주님이 구원하셨다는 호산나 노래를 부르면서 목소리를 높여 기뻐 춤추면서 감사하였다. 이것이 일흔 그루 종려나무 그늘이다.

나는 오늘도 그 날을 사모하며 기다린다. 더 이상 조잡스런 염려와 걱정에 시달리지 않고 평화롭게 진리의 샘물을 마시는 물샘 열 둘이 있는 종려나무 그늘이 내게 필요하다.

"주여, 종려나무 그늘에서 주님을 소리높여 찬양하도록 인도하소서."

종려나무와 헤어지고

무화과나무를 만나다

나는 무화과나무를 만났다. 무화과나무는 우아하지 않지만 수수한 모양을 하고 있는데 키가 작고 볼품없이 옆으로 가지를 뻗치는 나무이다. 꽃은 눈에 띠지 않고 열매를 맺는데 잎사귀가 나기 전에 무화과의 소출이 형성된다. 열매는 달고 자양분이 많고 많은 씨를 가지고 있고 과육이 풍부하고 스스로 치료하는 힘이 있어서 쉽게 병들지 않는다.

무화과나무 중에는 인도의 파고다 무화과나무처럼 사방 90미터의 그늘을 드리울 만큼 크게 자라는 종류도 있으나 주로 옆으로 자라는 것이 특징이다. 유대인들은 무화과 열매가 맺지 않으면 국가적인 재앙으로 여겼다.

나는 무화과나무에게 다가서서 "나는 진리를 찾고자 여행 중입니다 당신에 대해 알려주시기를 바랍니다."

무화과나무는 "마음의 세계에서 우리는 올리브나무나 포도나무보다는 못하지만 일상적인 믿음의 지식을 의미합니다."

나는 "당신에게 꽃은 보이지 않고 열매를 맺는 것은 무엇을 의미하지요?"

무화과나무는 "보통 나무는 꽃이 먼저 피고 열매를 맺습니다. 올리브나무의 꽃은 주님의 인자하심의 기쁨이고 포도나무의 꽃은 진리의 깨달음의 즐거움이라고 할 수 있습니다. 그러나 우리에게는 꽃이 없습니다."

나는 "무슨 의미인가요?"

무화과나무는 "마음의 세계에서 우리는 진리의 깨달음이 없는 자연적 선의 상태이기 때문입니다."

나는 "자연적이라는 말은 진리로 거듭나지 않은 상태인가요? 그렇지만 선한 면이 있다는 말이지요?"

무화과나무는 "그렇습니다. 보통 우리들의 선을 두고 진리에 대해 무지하지만 순박한 사람들의 선이라고 부릅니다. 도덕적이고 동정적인 선행을 의미합니다."

나는 "그러니까 깊은 깨달음은 없지만 동정심에 의해 선행을 한다는 말이지요?"

무화과나무는 "무화과나무는 친절을 의미합니다. 유대인들은 구약성경의 가르침을 통해 과부와 고아, 나그네와 집 없는 자 그리고 억눌린 자를 돌보라는 것을 배웠습니다. 그들은 이런 지식을 자랑했습니다. 그러나 주님께서 오셔서 열매를 구했을 때 하나도 달리지 않았습니다."

아무리 진리를 가르치고 배워도 열매가 없을 수도 있다는 것을 생각하면 아찔하다. 그것은 세상적인 찌꺼기가 가로막아 열매 맺는 것을 방해하기 때문이다. 야고보는 선생된 자와 입으로만 선을 말하는 자와 알고도 선을 행치 않는 자의 죄가 더 크다고 강조한 이유를 알 것 같았다.

나는 "주님께서 마지막 때를 말씀하시면서 만일 무화과나무의 잎 새가 열리면 인자가 가까이 이른다고 하시지 않았나요?"

무화과나무는 "주님은 무화과나무의 잎 새가 나면 여름이 가까운 줄을 알라고 하셨습니다." (눅21:29-30).

나는 "무슨 뜻이지요?"

무화과나무는 "사람들에게 진리를 알지 못한다고 하더라도 동정적이고 자연적 선의 상태가 보인다면 주님이 오시는 징조라는 뜻입니다."

나는 "그것은 개인적인 면에서 그렇지요?"

무화과나무는 "넓은 의미로 본다면 무화과는 이스라엘을 상징하는 나무입니다. 이스라엘은 2,000년의 긴 겨울잠을 자고 깨어 싹이 나는 봄을 맞이했습니다. 이스라엘이 봄을 맞이할 때 하나님의 나라가 가까이 온 줄로 알라는 교훈이기도 합니다."

나는 "아! 그렇군요. 사회적으로도 그 의미를 해석할 수 있나요?"

무화과나무는 "지금은 그 어느 때보다도 사회복지 시설의 확충과 가난한 자와 병든 자, 장애인과 갇힌 자의 인권과 고아와 박애정신이 커지고 있지요? 교회마다 어린이집이나 학교 또는 사회복지시설을 설치하여 이 일에 동참하려는 징조가 있습니다."

나는 "교회에서도 그런 일을 해야 하나요?"

무화과나무는 "그럼요. 아무리 물질문명이 발달해도 교회가 이런 일에 눈 감아서는 안 됩니다."

무화과나무는 "잠언서에 무화과나무를 지키는 자는 그 과실을 먹고 자기 주인을 시중하는 자는 영화를 얻느니라(잠27:18)고 했어요."

나는 "무슨 의미이지요?"

무화과나무는 "세상의 질서, 윤리와 도덕을 무시해서는 안된다는 뜻입니다."

나는 "성경에 비록 무화과나무가 무성하지 못하지만 하나님을 인하여 기뻐한다고 했습니다."(합3:17).

무화과나무는 "그 의미는 도덕적인 선마저 메말라 버린 시대상을 말합니다. 그러나 주님께 대한 소망을 잃지 않겠다는 결단을 의미합니다."

나는 소망의 의미를 깊이 생각했다 주위 여건이나 환경을 보면 전혀 즐거워할 일이 없고 웃을 일이 없는 것이 사실이다. 그러나 마귀의 시험으로 인하여 오는 악의 고통 속에서도 주님의 선하심을 알고 주님께서 섭리하신다는 확신은 나에게 삶의 희망을 안겨 준다. 이것이 나의 소망이다.

만일 주님의 섭리를 믿지 못했다면 자포자기하여 인생을 원망하며 절망과 좌절의 늪에서 헤어 나오지 못했을 수도 있다. 그러나 섭리는 하나님의 지혜로움이기 때문에 내게는 큰 희망이다.

나는 나 자신의 과거와 오늘을 비교해 보았다. 과거에 비하면 현재의 나는 마치 개천에서 용 난다는 말처럼 그 지혜는 비교할 바가 되지 못했다. 그만큼 많은 부분 과거에 비해 뛰어나다.

나는 얼마 전에 누군가로부터 전화를 받았다. 그는 자신이 40년 전에 나와 같은 회사의 동료로 있었던 사람이라고 소개했다. 그는 인터넷을 뒤적이다가 내 이름을 발견하고 전화번호를 알아내서 반가운 마음으로 전화를 했다고 했다. 나는 그 시절에 고등학교를 졸업하고 기계 공장에 입사했었다. 나이 19세 때였다. 그 친구는 내게 전화로 말하기를 자신의 눈으로 보기에 나는 신앙적으로 무척 열심이었으며 속으로 생각하기를 저 친구는 무언가 할 사람이라고 여겼다고 말했다. 나도 그를 기억하는데, 늘 깔끔하게 양복차림을 했던 그의 모습을 떠올렸다.

사실 40여년이 지난 지금 나의 모습은 당시와는 비교할 수 없을 정도로 진리에 대해 깊은 이해를 갖게 되었다. 내게 있어서 이런 변화는 주님의 섭리이다.

그렇다면 이후에, 그 나라에 이르러 영생한다면 얼마나 더 큰 지혜가 나를 위해 준비하고 기다릴 것인가? 이 일을 생각하면 가슴이 울렁거리며 희열과 기쁨이 넘치는 것이 느껴진다.

나는 늘 새벽이면 주님을 의지하는 깊은 묵상과 사색이 습관처럼 되어서 그 시간이 내게 큰 희망이다. 그 시간이 지나면 마음의 희열이 사라져 가는 것을 느낀다.

하박국 선지자가 극심한 고통과 어려움 속에서도 주님을 의지했던 묵상의 시간은 그에게 큰 위로가 되었던 것처럼 내게도 그런 시간이 존재한다.

나는 "주님께서 나다나엘을 향해서 빌립이 너를 부르기 전에 네가 무화과나무 아래에 있을 때에 보았노라(요1:47-48)는 구절의 의미를 설명해 주세요."

무화과나무는 "네가 무화과나무 아래 있는 것을 보았다는 구절 속에는 교훈이 담겨 있습니다. 무화과나무는 자연적인 선함의 원리를 상징한다고 했습니다. 이 자연적 선함은 진리의 깨달음과 애정에 영향을 미칩니다."

나는 "그렇군요. 성경에 사람마다 자신이 가꾼 포도나무 그늘, 무화과나무 아래에서 편히 앉아 쉬는 때(미4:4)가 있고, 포도나무와 무화과나무 아래에서 잔치를 베풀고 서로 오가며 사는 때(슥3:10)가 있다고 들었습니다."

무화과나무는 "맞습니다. 개인의 마음에는 여러 종류의 나무가 있습니다."

나는 "네, 그래서 저는 마음의 세계를 여행 중입니다."

무화과나무는 "그 말씀의 의미는 신실한 자들에 대한 약속입니다. 각자의 영적 삶의 전투가 마무리되고 악한 열정과 악습이 종식될 때, 포도나무 그늘과 무화과나무 아래 쉰다고 하였습니다."

나는 "더 자세하게 설명해 주세요."

무화과나무는 "포도나무 그늘은 영적 선을 의미하고, 무화과나무 아래는 자연적 선의 상태를 말합니다."

나는 "그러면 주님께서 나다나엘에게 포도나무와 무화과나무 그늘이라고 하지 않고, 무화과나무 아래라고 한 것은 한쪽 부분만 있는 것이 아닙니까?"

무화과나무는 "그는 의심을 정복해서 구세주로서 예수를 믿었습니다. 자연적인 평화에는 들어갔다고 볼 수 있습니다. 그러나 영적 싸움이 끝나지 않았음을 의미합니다."

나는 "아 그렇군요. 반드시 영적인 부분이 필요하군요."

무화과나무는 "주님께서 이어서 말씀을 하셨어요. 네가 무화과나무 아래 있는 것을 보았다고 해서 나를 믿느냐? 앞으로는 그보다 더 큰 일을 보게 될 것이다. 잘 들어 두어라. 너희는 천국이 열려 있는 것과 하나님의 천사들이 인자 위에 오르내리는 것을 보게 될 것이라고 하셨어요."

나는 "설명해 주세요."

무화과나무는 "나다나엘은 예수를 하나님의 아들이라고 고백했습니다. 이제 그에게 필요한 것은 인자에 관한 약속입니다."

나는 "인자의 약속이요?"

무화과나무는 "인자의 약속에 대해 설명해 드릴게요. 광야에서 주님께서 시험받으신 후에 천사들이 시중을 들었습니다(마4:11). 그리고 천사가 그분께 나타나 시종 들었습니다(눅22:43). 얼마나 위대합니까? 그것이 인자의 약속입니다. 아마도 이후에 나다나엘에게도 그런 차원이 있었을 것입니다."

나는 "아! 나다나엘에게만 그런 약속이 있나요? 우리에겐 없나요?"

무화과나무는 "하하! 나다나엘에 대한 약속은 제자들에 대한 약속입니다. 누구든지 주님의 제자들은 신성을 깨닫게 된다는 약속입니다."

나는 "신성한 것은 무엇인가요?"

무화과나무는 "아! 신성은 그분의 자녀들이 거듭나게 되는 것입니다. 하늘이 열린다는 것은 속사람의 열림을 말합니다. 열린 천국을 통해서 천사들이 오르내리는 것은 신성과의 교통을 말합니다."

나는 "아! 신비롭군요."

무화과나무는 "오르는 천사는 인성의 거룩함이고, 내려오는 천사는 그분의 신성을 의미합니다."

나는 "천사들의 오르내림은 나의 간절한 소원입니다. 어떻게 그렇게 될 수 있을까요?"

무화과나무는 "속사람과 겉사람이 하나가 되면 가능합니다."

나는 "아! 그것은 거듭남을 말하나요?"

무화과나무는 "그렇습니다. 거듭남은 새로 태어나는 것을 의미합니다. 거듭남은 천국백성이 되는 원리입니다."

나는 "거듭남은 어떻게 해서 이루어지지요?"

무화과나무는 "거듭남은 가장 낮은 지점에서 시작해서 위쪽으로 오르는 것입니다. 그러니까 인간은 지식을 가지고 믿음에 이르고, 믿음에서 사랑에 오릅니다. 그리고 또한 사랑으로부터 믿음과 지식을 통해 내려와 선한 말과 행동을 드러냅니다. 이것이 거듭남의 순환입니다."

나는 "그렇게 하므로 천사가 오르고 내리는 거군요."

무화과나무는 "그렇습니다. 승강과 하강 작용이지요. 두 가지가 하나를 이룰 때 거듭남과 천국이 열립니다."

나는 거듭남의 순환이라는 말에 깊은 감명을 받았다.

이는 마치 물이 수증기가 되어 구름으로 떠돌다가 다시 비가 되어 땅에 적시는 것과 같다. 아! 얼마나 위대한 진리의 법칙인가? 그러므로 이제부터 나의 기대는 야곱처럼 인자의 오르내림이 내 안에서 이루어지기를 간절하게 원한다.

나는 "아! 많은 것을 배웁니다. 주님께서 베다니에서 시장하셨을 때 멀리서 잎사귀 있는 한 무화과나무를 보시고 혹 그 나무에 무엇이 있을까 하여 가셨더니 가서 보신즉 잎사귀 외에 아무 것도 없더라. 이는 무화과의 때가 아님이라 예수께서 나무에게 말씀하여 이르시되 이제부터 영원토록 사람이 네게서 열매를 따 먹지 못하리라 하셨습니다(막 11:12-14). 무슨 의미인가요?"

무화과나무는 "무화과나무의 잎사귀가 무성하고 열매가 없다는 것은 도덕적 지식은 충분하지만 행함이 없는 상태를 의미합니다. 그러니까 선을 행할 의도가 없는 사람의 지식은 주님 앞에서 뿌리부터 말라버리는 것입니다."

무화과나무와 헤어지고

살구나무를 만나다

살구나무는 감복숭아 나무로 불리운다. 살구나무는 겨울이 채 지나기 전에 1,2월에 먼저 깨어나 연분홍빛이 있는 화사한 흰색의 꽃을 피움으로 봄을 알리는 나무이다.

살구나무의 꽃은 봄이 왔음을 가장 먼저 알리는 꽃으로 '일깨우는 자' 라는 별명이 있다. 감복숭아는 야곱이 아들에게 애굽으로 가져가라는 과일 목록에 언급된다(창43:11). 예레미야는 잎이 나기 전에 꽃이 활짝 핀 것을 다가오는 시대의 전조 증상에 빗대고 있다(렘1:11-12).

전통적으로 살구는 미묘하고 달콤한 것, 감미로움을 상징한다. 이른 봄에 제일 먼저 피는 꽃은 늦서리에 망치므로 상큼하면서

도 애처로운 느낌이 든다.

살구는 우아한 모양과 일찍 피는 꽃 때문에 아론의 지팡이(민17:8)

나 성전 기구의 장식 무늬로 등장한다(출25:33-34).

주님께서 죄악을 저지르는 이스라엘 백성을 나무라시기 위해

"예레미야야 네가 무엇을 보느냐?"고 물으셨다. 그때 예레미야

는 "감복숭아(살구나무) 가지를 보나이다."고 대답했다.

나는 살구나무에게 다가가 "나는 마음의 세계를 다니면서 진리

를 찾고 있습니다. 당신에 대해 알려 주시기를 바랍니다."

살구나무는 "우리에게는 달콤한 맛이 있고 씨는 기름을 냅니다.

사람들은 우리를 감미롭다고 여깁니다."

나는 "마음의 세계에서 당신은 무엇을 의미합니까?"

살구나무는 "우리는 영적 진리에 대한 인식입니다."

나는 "진리의 깨달음이군요. 구체적으로 말씀해 주세요."

살구나무는 "이웃사랑의 삶을 일깨우는 것을 말합니다."

나는 "그래서 아론의 지팡이에서 살구꽃이 핀 것인가요?"

살구나무는 "네, 그 의미는 이웃사랑이 식어버린 냉정한 현실에

서 사랑의 봄을 대망하는 것입니다."

나는 "진리는 무엇으로 깨닫게 되나요?"

살구나무는 "진리는 믿음으로 인식합니다. 그러나 도마는 주님의 부활을 의심하여 눈으로 보고 손으로 만져 보아야만 확실하게 인정할 수 있다고 말했습니다."

나는 "그는 주님의 부활을 믿지 않았지요?"

살구나무는 "그렇습니다. 예수님의 부활을 믿지 않았습니다. 주님께서 도마에게 너는 나를 보고야 믿느냐? 나를 보지 않고도 믿는 사람은 행복하다고 하셨습니다. 예수님께서 도마에게 분명하게 가르치신 것은 내면이 열리는 것이 외적인 증거보다 더 낫다는 것입니다."

나는 "내가 알기에는 진리의 필요를 느끼지 않는 사람은 대체로 진리를 의심합니다."

살구나무는 "진리를 갈망하는 사람과 진리로 자신의 삶을 수정하고자 하는 사람은 언제나 진리를 귀로 듣고 마음으로 깨닫습니다."

나는 "그리고요?"

살구나무는 "진리를 이해하게 되면 진리 인식의 상태에 있게 됩니다."

나는 "그래서요?"

살구나무는 "그 후에는 진리로 인해 인격 성장이 옵니다."

성경에 가룻 유다가 주님을 배반할 때의 장면을 성경은 이렇게 기록하고 있다. "유다가 그 조각을 받고 곧 나가니 밤이러라"(요 13:30) 이는 깨닫지 못하는 어둠의 상태를 의미한다. 주님이 잡히시던 날 주님은 다음과 같이 말씀하셨다.

"이제는 어두움의 권세로다."(눅22:53).

베드로가 주님을 배반한 것도 어두운 밤이었다. "예수께서 가라사대 내가 진실로 네게 이르노니 오늘 밤 닭 울기 전에 네가 세 번 나를 부인하리라"(마26:34). 또한 제자들이 풍랑을 만난 것도 밤이었다. 주님이 십자가상에 운명하실 때의 광경은 이렇다. "낮 열두시부터 어둠이 온 땅을 덮어서, 오후 세시까지 계속되었다." (마27:45).

밤은 시간의 의미가 아니라 상태를 의미하는데 곧 시험의 때를 뜻한다. 진리가 사람의 마음에 들어오지 않으면 어두움의 상태에 있게 된다. 진리만이 어둠을 사라지게 하기 때문이다. 진리가 없는 자는 어두움에 쌓여서 자기만의 환상에 사로잡히게 된다.

나는 살구나무의 말을 들으면서 진리를 깨닫고 실천하고자 하는 의도가 없이는 인격 성숙이 없다는 것을 알게 되었다. 입으로는 진리를 믿노라고 말하면서 인격적인 것처럼 흉내만 내는 이들을 보았다.

그러나 그들은 진정 진리와는 거리가 있는 삶을 살아가고 있었다. 이런 자들을 자세히 살펴보면 언제나 재물에 대한 욕심이 가득했고 이기적이었다. 과연 진리가 자유하게 한다는 말씀이 그들에게 있기는 한 것인가?

나는 "주님 앞에 두었던 12지파의 지팡이 중에서 아론의 지팡이만 싹이 나고 살구 열매가 열린 것은 무엇을 의미하나요?"

살구나무는 "아론의 제사장 직분은 주님의 인자하심을 상징합니다. 그 지파는 이웃사랑의 길잡이기 때문입니다."

나는 "아! 네, 황금 촛대의 등잔대를 살구모양으로 만든 것은 무엇인가요?"

살구나무는 "이웃사랑을 의미하기 때문입니다"(출25:33). 살구나무가 '깨운다'는 별명을 갖게 된 것은 영적 진리의 인식을 의미하기 때문입니다. 묵묵하게 자신의 현재 상태를 알게 하고 이웃사랑의 필요성을 일깨우는 자를 상징합니다."

나는 살구나무의 말을 들으면서 과연 나를 일깨운 것이 무엇인가를 생각했다.

한참을 생각해 보니, 그것은 선악을 평가하고 측정하는 저울이라는 생각이 들었다. 선악의 눈금으로 나 자신을 저울추에 매달아 재어보았을 때 과연 내가 어느 눈금에 왔는지를 안다면 정말로 아찔하다. 왜냐하면 천국과 지옥은 선과 악의 경계선이 있는 나라이기 때문이다. 천국은 선의 나라이며 지옥은 악의 나라이다.

나는 내가 천국에 들어가기 위해서는 반드시 선해야 하는 대명제가 있어야 하는 과제가 있다는 것을 알았다. 그리고 그 선은 반드시 진리를 믿고 실천할 때 온다는 것도 알았다. 이런 관점으로 생각해 볼 때 나 자신이 과연 선한가? 라는 질문을 던지지 않을 수 없다.

그것은 마치 찬물을 끼얹은 것같이 나의 정신을 번쩍 나도록 일깨웠다. 만일 진리로서 나의 마음과 행위를 재어 보았을 때 지옥의 눈금에 위치해 있다면 나는 사시나무 떨듯이 부들부들 떨 것이며 가슴이 벌렁거리고 놀라서 뒤로 자빠질 것이다. 나의 의도와 삶을 정확하게 측정하는 신비로운 저울은 내안에 들어 있는 작은 두루마리이다.

그것은 주님께서 내안에 비밀리에 감추어둔 본질적 진리이다. 그 저울은 나의 삶을 평가하고 검토한다. 또한 나의 심장과 신장 깊은 곳에 들어와 사랑과 양심으로 나를 검토하고 평가한다. 그 거룩한 생명의 저울로 비추어 보아서 내게 선의 의도가 남아 있는지를 정확하게 평가한다. 주님 외에 누가 그 일을 할 것인가?

그 누구도 변명할 수 없으며 핑계치 못한다. 오직 주님께 두려움으로 자비를 구할 뿐이다. 누구든 언젠가 그 저울대 앞에 설 것이다.

내게 주님의 두루마리는 말로 형용할 수없는 두려움이며 선하게 살아야 할 이유이며 생명의 소중함을 일깨워주는 촛대이다.

내가 시험의 구덩이에 빠져서 어두운 골짜기에 헤매이고 홀로 울고 있을 때 작은 두루마리는 내게 양이 되라고 말해준다. 내가 들짐승과 함께 머물 때 작은 두루마리는 내게 다가와 선한 양이 되도록 이끌어준다.

아직 내게 심지가 꺼지지 않고 남은 그루터기가 남아 있다면 이제라도 정신을 차려서 선한 것을 좋아하고 진리를 찾아야 한다. 만일 그런 자세로 인생을 진실되고 정직하게 살아간다면 언젠가 나도 모르는 순간에 양의 문에 도달할 것이다.

살구나무와 헤어지고

백향목 나무를 만나다

나는 하늘 높이 솟은 커다란 백향목을 보았다. 백향목은 성경에 등장하는 대표적인 나무중의 하나이다. 이 나무는 거목으로 자라며 견고하고 잎 새가 넓고 푸른 층을 이루며 하늘을 향해 질서 정연하게 솟아오른다.

백향목은 솔로몬이 아는 나무 중에 가장 큰 나무이다. 솔로몬은 초목을 말하면서 '레바론의 백향목에서 부터 담에 나는 우슬초 까지' 라고 말했다(왕상4:33). 이사야는 백향목을 높고 높은 나무(사 2:13)라고 불렀다.

나는 외딴 초원에 홀로 서있는 키가 큰 백향목 나무 그늘에 쉬면서 정중하게 인사하고 말했다.

"나는 마음의 세계를 다니며 진리를 찾고 있습니다. 내게 당신에 대해 알려주시기를 바랍니다."

백향목은 "보시다시피 우리는 키가 크고 줄기가 엄청나게 뻗어 나갑니다."

나는 "당신의 장대한 모습이 훌륭합니다. 당신의 넓게 뻗은 가지는 여행길에 지친 나그네들에게 그늘을 제공합니다."

백향목은 "우리는 거목입니다. 그래서 사람들은 성전건축에 우리를 사용합니다."

나는 "마음의 세계에서 당신은 무엇을 의미합니까?"

백향목은 "우리는 이성적이고 총명한 마음을 의미합니다."

나는 "왜 그렇지요?"

백향목은 "우리가 높이 솟아 있고 가지와 잎 새가 질서정연하게 같은 방향으로 있는 것은 총명한 마음 상태를 의미합니다. 땅에서 하늘로 높이 솟아오른 상태는 자연적인 상태에서 영적인 상태로 나아가는 이성을 의미합니다."

나는 "아! 그 말은 현실 세계와 저세상을 함께 아우르는군요. 그래서 당신을 성전 재목으로 사용 하는가 봅니다."

백향목은 "네, 솔로몬 성전을 백향목으로 지은 것은 이성을 가지고 영적 세계를 추구하는 사람들의 예배를 의미합니다. 하늘나라와 세상을 조화롭게 세워나가기 위해 이성적 진리를 사랑했음을 보여주는 것입니다."

나는 "그러면 길게 뻗은 가지들은?"

백향목은 "가지는 하늘나라와 교통을 하면서 영생으로 나아가는 것입니다. 높이 솟은 꼭대기는 지혜의 영역을 의미합니다."

나는 "아! 깨달음의 경지에 오르는 것을 말하는군요. 사람들이 그런 영역에 오를 수 있다면 얼마나 좋을까요?"

백향목은 "인간이 지식을 기반으로 영적 세계로 나가는 것은 지혜자의 길입니다."

나는 "그런데 이성을 가지고 가야만 하나요?"

백향목은 "그렇습니다. 만일 인간이 이성적 눈으로 진리를 습득하지 않는다면 감각적이 되어 결국 악에 빠지고 맙니다. 그런데 사람들은 진리가 아닌 것을 너무 쉽게 배웁니다. 그런 자들은 인격이 절대로 성숙되지 않습니다."

나는 "그렇군요. 이성이 진리에 눈을 떠서 겸손하게 진리를 실천할 때 선한 열매가 맺는 것이군요."

백향목은 "맞습니다. 진리를 실천해야 합니다."

나는 "에스겔은 앗수르 사람을 가리켜 앗수르는 한 때 레바논의 백향목이었다. 그 가지가 아름답고, 그 그늘도 숲의 그늘과 같았다. 그 나무의 키가 크고, 그 꼭대기는 구름 속으로 뻗어 있었다. 너는 물을 넉넉히 먹고 큰 나무가 되었다. 깊은 물줄기에서 물을 빨며 크게 자랐다. 네가 서 있는 사방으로는 강물이 흐르고, 개울물이 흘러, 들의 모든 나무가 물을 마셨다. 너는 들의 모든 나무보다 더 높게 자랐다. 흐르는 물이 넉넉하여 굵은 가지도 무수하게 많아지고, 가는 가지도 길게 뻗어 나갔다. 너의 큰 가지 속에서는 공중의 모든 새가 보금자리를 만들고, 가는 가지 밑에서는 들의 모든 짐승이 새끼를 낳고, 그 나무의 그늘 밑에서는 모든 큰 민족이 자리 잡고 살았다고 했어요. 무슨 의미인가요?"(겔31:3-6).

백향목은 "앗수르는 이성적 원리를 의미합니다. 이성이 총명한 상태로 성장한 것을 말합니다."

나는 "그런데 앗수르는 왜 몰락하게 되었나요?"

백향목은 "앗수르는 자기 지혜를 자랑했습니다. 사실 그런 위험은 언제나 우리에게도 놓여 있습니다."

나는 "아! 조심해야 되겠군요. 지식을 얻을 기회가 많은 사람의 경우에는 그런 위험에 직면할 기회가 많은 것 같습니다."

백향목은 "지혜의 근원은 오직 하나님이십니다."

나는 "명심하겠습니다. 책임감을 느낍니다. 레바논의 백향목이라는 의미는 무엇이지요?"

백향목은 "레바논에는 백향목 나무숲이 있었습니다. 레바논은 진리의 지식을 지닌 영적 마음을 표현합니다."

나는 "백향목 나무는 무엇을 뜻하지요?"

백향목은 "이성적 지각을 의미합니다. 마음속에서 진리에 대한 지각이 성장하는 것은 마치 백향목 나무가 가지를 뻗으며 자라는 것과 같습니다."

나는 "앗수르는 레바논의 백향목나무이며 물가에서 자란 덕분에 크게 성장했다고 하였습니다."

백향목은 "물은 진리를 의미합니다. 그 의미는 진리를 먹으면 총명하게 된다는 뜻입니다."

나는 "그래서 들의 어떤 나무보다 키가 컸다고 한 것인가요?"

백향목은 "네, 영적 지식이 확장되었다는 뜻입니다."

나는 "아 그렇군요. 영적 사고에 도달하기 위해서는 어떻게 해야 할까요?"

백향목은 "사람은 생각을 수단으로 영적 사고에 도달합니다."

나는 "영적 사고에 도달하지 못하는 사람도 많은데요?"

백향목은 "보통 사람들이 영적 사고에 도달하지 못하는 것은 사물을 세상적이고 물질적 관점으로만 보기 때문입니다."

나는 "그 말은 사람마다 생각하는 틀이 있다는 거군요. 백향목 나무 아래에서 짐승이 새끼를 쳤다는 말은 무슨 의미이지요?"

백향목은 "영적 지각으로 인해서 진리에 대한 애정이 증가된다는 뜻입니다."

나는 "아하! 진리에 대한 애정이 증가된다고요."

백향목은 "맞습니다. 영적 지각이 커지면서 진리를 사랑하는 마음도 동시에 커집니다. 어느 나무보다도 크다는 것은 영적으로 성장하였다는 뜻입니다. 다른 나무들은 백향목 나무를 부러워하여 흉내 내고 싶어 합니다. 하하!"

나는 이성으로 영적 지각에 이른다는 것을 깨달았다. 그리고 그 결과는 진리의 애정의 증가와 더불어 성장함을 알게 되었다. 내가 미숙하였을 때는 이성적으로 생각하는 것은 세상적 지식이 커가는 것이고, 성경은 굳게 믿어야 하는 것으로만 여겼다. 그래서 진리를 깊이 깨닫고자 하는 노력을 별로 기울이지 않았다. 시간이 흐르면서 주님께서 내게 은혜를 베푸셔서 진리를 점차적으로 깨닫게 되었다. 그리고 나는 이성은 진리를 깨닫기 위해 필요한 것임을 알게 되었고 이로 인해 영적 세계로 나아가는 것이라는 것을 분명하게 알게 되었다. 진리의 지각이 확장되면서 과거에 이성적인 면을 소홀히 하였던 것이 후회가 되었다.

인간은 이성적 동물이다. 이성은 참과 거짓, 선과 악을 식별하는 능력이다. 고대 철학자들은 이성을 인간과 동물을 구별하는 기준으로 보았으며 인간을 이성적 동물이라고 하였다. 예로부터 이성은 어둠을 비추는 밝은 빛으로 상징되어왔다. 데카르트는 모든 사람은 태어날 때부터 평등하게 이성적 능력을 갖고 있으며 이는 자연의 빛이라고 하였다. 철학자 칸트는 이성은 욕망에 의한 행위와 반대이고 당위의식에 의한 행위라고 하였다. 그는 인간은 이성으로 도덕적 행위가 가능하다고 말했다.

영국의 문호 셰익스피어(William Shakespeare)는 그의 명작 "햄릿"에서 주인공 햄릿의 입을 통하여 다음과 같은 이성에 대해 예찬하였다.

"인간은 얼마나 위대한 작품인가. 이성은 얼마나 고귀하고, 능력은 얼마나 무한한가. 그 형상과 동작은 얼마나 명확하고 훌륭한가. 행동은 마치 천사와 같고, 이해력은 신과 같다. 세계의 미요

만물의 영장이다!

인간은 신의 성품을 이어받은 고귀한 이성의 능력을 가졌고 더불어 지상의 모든 창조물보다 뛰어나다.

인간은 어려서부터 노년에 이르기까지 지적 호기심과 더불어 배움을 통해 이성적 능력이 성장한다. 인간은 이성을 가지고 현실을 분석할 뿐 아니라 결과를 가지고 원인을 규명하기도 한다. 이성은 삶에서 일어나는 대인관계, 윤리와 도덕, 상거래 등 모든 일들을 구분한다.

사실 이성 없이 삶을 유지한다는 것은 불가능하다. 과거 있었던 일로부터 실수를 반복하지 않기 위해서는 반드시 이성이 필요하다. 이성은 두 종류의 문을 가지고 있다. 하나는 선으로 들어가는 문이며 다른 하나는 악으로 달음질하는 문이다. 이성이 악으로 들어가는 문을 통과한다면 이성을 가지고 남용하는 결과를 가져온다. 그러므로 이성에게 천국의 빛이 주어지지 않고서는 결코 이성이 선해지거나 성장할 수 없다. 이성은 인간 스스로 선해지고자 애쓰는 만큼 본성에 맞게 주어진다.

어느 산골에 살고 있는 소년이 성장해서 자수성가를 하여 사업을 일구었거나 교수가 되어 학문적 성과를 이루었거나 세계적인 예술가로 성장한 예는 얼마든지 있다. 이들은 자신의 삶에서 이성을 키우고자 배우는 노력과 수고가 뒤따랐기 때문이다. 이들이 아무 일도 하지 않고 위에서 감 떨어지기만을 기다렸다면 이런 결과는 절대로 주어지지 않는다.

이성의 능력은 호기심을 동원하여 배움을 적용해서 생겨난다. 따라서 누구든지 노력한다면 충분하게 이성의 능력이 주어진다. 주님께서 인간에게 이성을 주신 것은 자유로운 상태에서 선택에 의한 삶을 살아가도록 하기 위함이다. 이성으로 인한 선택의 결과는 선과 악이다. 인간은 궁극적으로 하나님 아니면 악마에 속하지 않으면 안 된다.

기독교철학자 C.S 루이스는 "이 우주에는 중립적인 것은 단 하나도 존재하지 않는다. 한 뼘의 땅, 1초의 시간도 다 하나님의 소유이며 사탄은 그것을 공격하고 있다."

진정한 자유는 하나님과 악마 사이의 정중앙에 서는 것이다. 우리는 어느 쪽이든 선택을 해야만 한다.

만일 인간에게 태어나면서 이성의 능력이 주어지지 않았다면 선과 악을 분별하는 일이 없으며 또한 선택하는 힘도 없었을 것이고 자신의 성장을 위해서 애쓰지도 않았을 것이다.

그러므로 이성은 그의 본능과 성품에 맞게 주님으로부터 주어진다. 그가 건강한 마음을 갖고 있다면 이성의 성장이 오고 마음이 부패되었다면 그만큼 이성은 결핍 상태가 된다. 우리는 이런 현상을 주변에서 많이 보게 된다. 흔히 알코올 중독자로써 이성적이 되지 못하고 술과 더불어 인생을 허비하고 삶의 균형이 깨어지고 선을 행하고자 하는 의지가 없고 앞뒤가 맞지 않는 말을 내뱉고 자신의 삶에 대해 책임지지 않는 행동을 하는 경우를 본다. 결국 이성은 마음 상태에 따라서 주어진다.

이성은 정도 차이가 있지만 진리를 담는다. 그 이유는 이성을 갖고 있지 않은 자를 보면 진리를 갖고 있는지 그렇지 못한 지를 알수 있다. 이성적 분별없이 행동하는 자는 작은 일에 감정을 폭발하고 분별없이 행동하고 말을 함부로 하고 행동에 책임을 지지 않는다. 대체로 이성적이지 않은 인간은 인생을 바르게 살고자 하지 않는다. 이들은 심사숙고하거나 사려 깊지 못한 행동을 한다. 그저 쾌락적 감각에 의존하여 짐승처럼 살아간다.

이런 자는 바르게 살려는 마음이 없고 선하게 살고자 하는 의지도 없다. 장년이 되었음에도 불구하고 이성적으로 행동하지 않거나 이성적 능력이 미미한 인간은 거듭남이 없거나 선함을 기대할 수가 없다. 그의 이성에 진리를 담지 않았기 때문이다.

그러나 이성의 그릇에 진리를 담은 자는 선악을 구분하며 자신의 말과 행동에 책임을 지고자 하며 선을 분별하며 상대방의 입장을 고려한다. 이것은 이성과 일치하게 진리가 담겨 있기 때문이다. 그러므로 이성은 진리를 담은 정도에 의해 거듭남과 선용을 이룬다. 나는 이성으로 영적 세계에 대해 진한 맛을 보았을 때 새로운 세계가 펼쳐져서 시간 가는 줄도 모르고 그 맛을 즐기는 기쁨을 갖게 되었다. 마치 진리로써 천사와 교통하는 것과 같았다. 나는 하늘을 향해 솟구쳐 오른 백향목 나무처럼 영적 지각이 주님을 향해 더 나아가기를 원한다.

나는 "부럽습니다. 영적 총명에 대해 더 자세하게 알려주시기를 바랍니다."

백향목은 "그러지요. 총명한 마음을 지닌 사람은 하늘의 햇빛을 받아 레바논의 백향목 같이 높고 푸르게 확장됩니다."

나는 "아 그런 것 같아요. 삶과 자연의 작은 변화만 보아도 그저 넘어가지 않게 되던데요. 영적의미를 생각하게 되요."

백향목은 "영적 세계에 마음이 열린 자는 물이 백향목 나무의 뿌리를 적시듯이 영적 자양분이 공급되기 때문입니다."

나는 "어떻게 그렇게 되지요?"

백향목은 "진리의 가르침을 삶에 적용하기 때문입니다. 이런 사람을 두고, 시냇가에 심어진 나무 같아서 그 잎사귀가 시들지 아니하고 철따라 열매 맺는다고 했습니다."

나는 "그렇다면 앗수르 사람은?"

백향목은 "그들은 높은 지위를 가지고 있었지만 바닥으로 추락했습니다."

나는 "왜 그렇게 되었지요?"

백향목은 "영적 성장을 위해 이성이 사용되지 않으면 자연스럽게 퇴보하게 됩니다."

나는 "그러면 어떤 마음을 가져야 할까요?"

백향목은 "자신에게 있는 총명이 주님께서 주신 선물임을 인정해야 합니다. 자기가 잘나서 되었다고 하면 곧바로 총명의 근원에서 떨어져 나가게 됩니다."

나는 "아 그렇네요! 그런데 주님께서 주신 것이라는 사실을 자꾸만 잊어버리게 되요."

백향목은 "마치 태양으로부터 열과 빛이 식물에게 계속 흘러 들어가는 것과 같습니다. 태양의 햇볕을 식물이 받음 같이 인간은 주님께서 주시는 영적 총명을 받습니다."

나는 "그런데 사람들은 총명이 자신에게서 올라오는 것처럼 여깁니다."

백향목은 "인간은 그런 것을 만들 능력이 없고 다만 주님으로부터 흘러드는 총명을 받을 수 있는 능력만을 가지고 있습니다."

나는 "그런 총명을 유지하려면 어떻게 해야지요?"

백향목은 "총명은 주님에 의해서만 유지됩니다. 다시 말해서 인간이 주님께 얼마나 기쁘게 마음 문을 열어 놓느냐에 따라 유지됩니다."

나는 "만일 마음의 문을 닫는다면 어떻게 되지요?"

백향목은 "그러면 주님으로부터 총명을 받는 능력이 감소되기 때문에 영적 총명에서 떨어지게 됩니다."

나는 "그렇다면 인간에게는 총명을 유지 보존시킬 수 있는 능력이 하나도 없나요?"

백향목은 "네, 그렇습니다. 진리를 이해하더라도 삶과 연결되지 않으면 그 진리는 껍데기에 불과하고 인간다움을 창조해 주지 못합니다."

나는 "그렇다면 진리를 주님께서 주시는 것으로 간주하고 순종하면?"

백향목은 "그는 사람답게 살 수 있습니다."

나는 "만일 어떤 인간이 진리를 자기 머리로 알게 되었다고 여기고 진리가 자기 것이라고 간주하고 자랑한다면?"

백향목은 "자신의 지성을 자랑하면 스스로 우쭐대는데, 자기보다 못하다 싶은 이들을 무시하게 됩니다."

나는 "그것이 되풀이 되면?"

백향목은 "영혼의 문제가 발생합니다. 껍데기 지식만 남게 됩니다."

나는 "그런 결국은 어찌 되지요?"

백향목은 "지적 오만이라는 지옥을 만들게 됩니다."

나는 "지적 오만이요? 그런 사람들을 많이 보았는데요?"

백향목은 "세상에 있는 수많은 지성인들이 이런 지옥으로 몰락되는 경우가 허다합니다."

나는 "주님께서 지적 오만에 관해 뭐라고 하시나요?"

백향목은 "하나님의 선하심을 말하는 자리에서 모세는 이스라엘 후손들에게 경고합니다. 번영을 자신이 똑똑해서 이룬 결과라고 여기지 말라고 하였습니다. 주님께서 재산을 모으는 힘을 주셨다는 것을 생각하라고 경고 했습니다."(신8:17-18).

나는 "오만한 자의 마지막은 어떻게 되나요?"

백향목은 "인간이 자만의 늪에 빠질 때 그는 천사들의 도움을 받지 못하고 자신도 모르게 악령들의 꾀임에 빠져들게 됩니다."

나는 "악령의 꾀임에 빠진다고요?"

백향목은 "네, 악령의 꾀임에 빠지는 것은 주님으로부터 등을 돌리게 되어 악한 느낌과 거짓된 생각으로 가득하다는 의미입니다. 과거 그의 총명은 레바논의 백향목 같았지만 지금의 총명은 부러진 나무토막 같아서 더 이상 새들에게 안식처를 내주지 못하고 타락한 본성적 거짓과 악의 짐승에 짓밟히는 나무토막 신세가 되고 맙니다."

나는 "아! 오만한 자의 결국이군요."

백향목은 "자신의 총명을 성전꼭대기에 올려놓은 자는 언제나 자기를 자랑하게 됩니다. 이들에게 진리는 이미 마음속에서 오만이라는 욕망으로 더럽혀졌습니다."

나는 "그들이 과거에는 영적인 사람이었지만 이제는 오만이 통치하게 되었군요."

백향목은 "오만한 자의 결국은 아주 낮은 상태로 떨어지게 됩니다."

나는 "왜 그렇게 되지요?"

백향목은 "자만심과 욕망을 섞어 남용했기 때문입니다."

나는 "그러나 대체적으로 사람들은 공부를 많이 했거나 전문적인 지식이 있으면 조금 이기적이거나 오만해도 괜찮은 듯이 말합니다."

백향목은 "마음의 세계에서는 절대 그렇지 않습니다. 의도의 순수성이 없는 오만한 지식은 악과 거짓만 있을 뿐입니다."

나는 "그렇다면 총명하면 할수록 스스로 더 겸손한 마음을 가져야 하겠군요."

악은 정욕을 자극해서 자기의 영향력을 나타내는데 비해서, 주님은 영혼의 입구를 지키는 총명에게 말씀하신다.

우리가 진리를 받아들이는 태도의 품질에 따라 우리의 총명도 달라질 것이고 인격도 성숙하게 될 것이다. 만일 우리가 진리를 거절하면 우리는 영적 생명에 대한 총명의 문을 닫는 것이다.

백향목 나무와 헤어지고

상수리나무를 만나다

나는 키가 큰 상수리나무를 보았다. 상수리나무 열매에는 영양 분이 풍부해서 열매로 만든 묵은 사람들이 많이 찾는다. 전설에 의하면 신화에 등장하는 헤라클레스의 곤봉은 상수리 나무였다 고 한다.

그만큼 이 나무가 강하고 단단하고 질기기 때문이다. 또한 여러 이방 민족들은 상수리나무에서 신탁을 빌었다고 한다.

나는 상수리나무에게 다가가서 "나는 진리를 찾기 위해 마음의 세계를 여행 중입니다. 당신에 대해 알려 주시기 바랍니다."

상수리나무는 "네 반갑습니다."

나는 "마음의 세계에서 당신은 무엇을 의미하나요?"

상수리나무는 "우리는 영적 깨달음이 열리기 전에 삶에 필요한 기초적인 인식 작용을 의미합니다. 좋은 뜻으로는 영적지식을 위한 준비 단계를 의미하지만 나쁜 의미로는 세속적 지식을 의미합니다."

나는 "그러면 자연과학적 지식을 말하나요?"

상수리나무는 "네, 자연과학적 지식은 영적 삶으로 나아가게 하기도 하고 때로는 편견에 빠지기도 합니다."

나는 그 말이 맞다고 생각했다. 자연과학적 지식은 삶을 살아가는데 필요한 기초지식을 의미한다. 이런 지식은 신의 섭리를 아는 도구가 되기도 하지만 자칫 자신의 이기적인 욕심의 도구로 전락되기도 한다.

어린아이가 세상에 태어날 때는 삶에 대한 지식이 없다. 무엇을 먹어야 할 지 조차 모른다. 그러나 짐승들은 태어나면서부터 먹을 음식을 알고 태어난다. 독수리는 고기를 먹고 양은 풀을 먹는다. 그러나 인간은 무엇을 먹어야할지 모르는 상태로 태어난다.

아이들이 세상을 살아가기 위해서는 부모를 신뢰하고 배우고 학습하여 자연과학적 지식을 습득할 수밖에 없다. 아이는 어떤 지식을 습득해야 하는가? 인간은 영혼과 육체의 균형을 유지하면서 살아가기 때문에 두 가지 지식 즉, 마음에 관한 지식과 과학적 지식이 필요하다.

두 세계의 질서에 대한 올바른 지식을 배우면서 아이는 질서에 맞게 균형 있는 삶을 살게 된다. 그러나 부모를 통해 잘못된 가치관이 형성되고 그러한 지식이 생존을 위한 신념체계를 형성하면 극단적 삶으로 나아갈 위험성이 있다.

부모로부터 형성된 기초지식의 틀은 온전한 진리가 들어오면서 깨어지면서 영적세계로 나가는 것이다. 나는 새로운 삶을 터득한 사람들을 보았는데, 이들은 마치 알에서 부화한 병아리처럼 새로운 삶을 얻게 되며 자기를 위한 삶에서 주님과 이웃을 위한 삶으로 변화하였다. 이들은 새로운 관계를 형성하였는데, 모두 타인을 이용가치로 보지 않고, 순수한 의도로 이웃을 사랑하였다.

나는 "야곱이 신상을 세겜 근처 상수리나무 아래에 묻고 세겜인을 피해서 떠난 일은 무엇을 말합니까?"(창35:4).

상수리나무는 "야곱이 상수리나무 아래 신상을 묻는다는 의미는 세속적인 생각과 지식을 영원히 묻어 버렸다는 의미입니다."

나는 "리브가의 유모 드보라가 죽었을 때 상수리나무 아래 묻었는데, 그것도 같은 의미인가요?"(창35:8).

상수리나무는 "네, 그렇습니다. 그 나무 이름은 알론바굿이라고 합니다. 애통하는 상수리나무라는 뜻이지요. 유모 드보라를 묻는다는 것은 유전적 악을 묻는다는 의미입니다."

나는 "그러니까 상수리나무는 기초적인 지식이나 관습을 말하는군요."

나는 거짓되고 헛된 세속적 지식을 상수리나무에 묻어버리고 영적인 지식을 가지고 하늘나라를 바라보아야 함을 깨달았다. 그러므로 우리는 세속의 정욕에 찌든 지식을 묻어버리고 아름다운 상수리나무 아래에서 영적 예배를 드려야 한다.

인간은 인생을 살아가는데 기초적인 관습과 지식을 부모로부터 터득한다. 선과 악, 옳음과 그릇됨 같은 일차적 지식을 부모로부터 터득하는 것이다. 이는 합리적 사고의 바탕이 되기도 한다.

그러나 사실 이러한 지식은 본래 자기 것이 아니며 남으로부터 배운 지식이다. 하지만 어린 시절에 배운 지식과 태도는 상수리나무처럼 아주 강하게 기억에 남는다. '우리는 이미 유치원에서 모든 것을 배웠다' 라는 말이 있다. 이런 기초 지식은 어린아이에게는 생명력과 같은 것이다. 왜냐하면 그것을 통해서 세상에서 살아가는 삶의 기술을 배우고 영적세계로 나아가기 때문이다.

나는 "성경에 아브람이 가나안에 발을 들여놓았을 때 상수리나무 숲속에 자리를 잡은 이유는 무엇인가요?"

상수리나무는 "아브람이 아브라함이 되기 전에 상수리나무 숲속에서 살았던 이유는 아브람에게는 가나안에 들어가기 전에 먼저 기초적인 힘이 필요했던 것입니다."

나는 "아브람이 가나안의 기업을 얻기 위해서인가요?"

상수리나무는 "네 그렇습니다. 상수리나무처럼 영적세계에 대해 뿌리를 깊게 내려야만 했기 때문입니다."

나는 인생 살아가는데 기초지식이 얼마나 중요한가를 깨달았다. 성경에 '강하기는 상수리나무 같다' (암2:9)고 하였다. 아브람처럼 천국의 기업을 얻기 위해서는 영적 지식을 위한 기본적인 삶의 방식을 터득해야 한다. 외적으로 화려하고 멋있다고 해서 거룩한 것이 아니다. 그런데 어찌하여 세상의 화려함에 정신이 팔리고 거짓된 사상에 속아서 영원한 세계를 잃어버리는가?

어찌하여 세상문화의 화려함에 도취되어 그 매력에 젖어 사는가? 그 속에 숨어서 번득이는 눈빛으로 노려보는 악령의 소리를 듣지 못하고 어리석은 발걸음을 재촉하는가?

상수리나무와 헤어지고

가시나무를 만나다

나는 가시가 서로 뒤엉켜 있는 곳을 지나고 있었다. 아카시아 나무였다. 아카시아 나무는 가지마다 가시가 잔뜩 붙어 있었다.

나는 가시나무에게 다가가 "나는 마음의 세계를 다니며 진리를 구하고 있습니다. 당신에 대해 알려 주시기를 바랍니다."

가시나무는 "사람들은 우리를 보고 가시가 돋아 찌르기 때문에 악한 마음 혹은 미움과 의심으로 말하고 혹은 세속적 욕심으로 말하기도 합니다. 우리는 낙타의 먹잇감이 되기도 하고 광야의 회오리바람을 잘 견딥니다."

나는 "아담과 하와가 동산에서 추방당하고 땅은 그들에게 가시와 엉겅퀴를 내었다고 했어요. 무슨 의미인지요?"

가시나무는 "그들이 주님을 떠났기 때문에 헛된 입술의 고백, 자기중심적인 생각, 감각적이고 세속적으로 전락한 상태를 의미합니다."

나는 "그렇다면 가시는 세상과 자기중심적인 생각에 얽매인 미움을 의미하나요?"

가시나무는 "네, 그렇습니다."

나는 "이사야는 이스라엘 백성을 향해 형극과 찔레가 내백성의 땅에서 나며(사32:13), 기쁨의 성읍이 폐허가 될 것이라는 저주스러운 예언을 했습니다. 무슨 의미이지요?"

가시나무는 "천국의 진리를 가진 자들이 세속적이고 거짓된 교리를 고백함으로 마음이 변질될 것에 대한 예언입니다."

나는 "주님께서는 가시나무를 뭐라고 말씀하셨나요?"

가시나무는 "주님께서 세상걱정과 재물의 유혹이라고 하셨습니다."

마음의 세계에서 가시가 무성하면 가시덤불을 이룬다. 가시덤불은 이기적인 사상을 말한다. 주님께서는 가시덤불이 무성한 밭에 뿌려진 씨는 처음에는 싹이 자라지만 진리를 실천하고자 하는 의지가 없기 때문에 재리의 유혹과 세상의 염려로 인해 곧 말라 죽어 버리게 된다고 하셨다.

마음에 가시덤불이 있는 자는 진리의 지식은 가지고 있지만 세속적 욕심에 갇혀 있는 자들이다. 성경에 아브라함에게서 쫓겨난 하갈은 아이를 가시덤불 아래 놓아두고 목 놓아 울었다고 했다. 이것은 아브람과 분리된 하갈의 자포자기와 절망적 상태이다. 하갈은 천사의 음성을 듣고 다시 아브람에게 돌아가야만 했다.

욥기에는 황폐해져버린 인간의 모습을 다음과 같은 구절로 묘사하고 있다.

"덤불 속에서 자란 쓴 나물을 캐어 먹으며, 대싸리 뿌리로 끼니를 삼는 자들이다. 그들은 사람 축에 끼지 못하여 동네에서 쫓겨나고, 사람들이 마치 도둑을 쫓듯이 그들에게 "도둑이야!" 하고 소리를 질러 쫓아 버리곤 하였다. 그들은, 급류에 패여 벼랑진 골짜기에서 지내고, 땅굴이나 동굴에서 살고, 짐승처럼 덤불 속에서 움츠리고 있거나, 가시나무 밑에 몰려서 웅크리고 있으니"(욥 30:3-7).

가시나무 밑에 웅크리고 앉아있는 인간의 모습은 진리가 없고 황폐해진 상태를 말한다. 이사야에서는 주님과 분리된 내면의 황폐함을 거친 골짜기나 바위틈과 가시덤불에 내려앉는다고 표현했다(사7:19).

나는 가시나무에서 포도를 엉겅퀴에서 무화과를 딸 수 없다(신
7:16)는 주님의 말씀을 생각했다. 가시나무와 포도는 반대되는 개
념이다. 이는 좁게 말해서 겉사람과 속사람이지만 넓은 의미로
악과 선에 해당된다고 볼 수 있다.

나는 "모세가 40년 광야유랑을 앞에 두고 있을 때 불붙는 가시나
무 속에 주님께서 나타나셨습니다(출3:2). 무슨 의미이지요?"

가시나무는 "가시나무 덤불 한가운데로부터 불꽃이 타오르는 것
은 자연적 진리의 사랑을 의미합니다. 모세가 본 덤불은 자연적
진리를 의미합니다."

나는 "그러면 덤불이 불에 타고 있었다는 의미는 자연적 진리가
사랑으로 가득차 있다는 것을 지각한 것인가요?"

가시나무는 "네, 그렇습니다. 그리고 덤불은 전혀 살라지지 않았
다는 것은 자연적 진리와 사랑이 하나 되었다는 의미입니다."

나는 "비록 모세가 진리가 없는 자연적 상태이지만 주님의 거룩
한 사랑이 나타났군요?"

가시나무는 "그렇습니다. 광야의 시련과 고난 속에서도 인내하
는 마음을 의미합니다. 그 속에 불타오르는 주님의 사랑을 의미

하신 것입니다."

나는 "그렇다면 비록 가시나무 같을지라도 사랑으로 불붙는 숲이 될 수 있다는 말인가요?"

가시나무는 "네, 그렇습니다. 시험을 견디는 마음이 있기 때문입니다."

나는 모세가 광야에서 가시나무 가운데 불붙는 장면을 본 것은 대단히 의미심장하다고 생각했다. 광야는 온갖 시련이 기다리는 거친 세상이다. 그러나 다른 한편으로 생각하면 그곳에서 자라는 나무야 말로 온갖 시련을 견뎌낸 견고한 나무가 아니겠는가? 주님은 성전의 지성소에 있는 궤를 만들 때 아카시아 나무로 만들도록 하였다는 것을 생각할 때 비록 부족할지라도 주님의 도구가 될 수 있다는 생각에 마음속에 희열과 기쁨이 올라왔다.

결국 가시나무는 좋은 뜻으로 보면 악조건에서 온갖 시험을 이기는 생명력을 상징하지만 나쁜 뜻으로 보면 날카롭고 절망적인 상태를 의미한다.

나는 "레바논의 가시나무가 레바논의 백향목에게 전갈을 보내어 백향목의 딸을 며느리로 달라고 청혼하는 것을 보고, 레바논의 들짐승이 지나가다 그 가시나무를 짓밟은 일이 있었습니다. 무슨 의미이지요?" (왕하14:9).

가시나무는 "백향목 나무의 울창한 숲을 가진 레바논 산은 영적

진리를 사모하는 이성적인 마음입니다. 영적 진리에 관한 지식

을 의미합니다. 반면에 가시나무는 거짓 원리를 표현합니다. 레

바논 백향목의 딸들이란 영적 진리에 대한 애정을 말합니다.

나는 "며느리로 삼자는 말은요?"

가시나무는 "거짓 사상이 합리성과 결합하는 것입니다. 다시 말

해서 이성을 가지고 거짓의 논리를 펴는 것을 말합니다."

나는 "주님은 무엇과 무엇이 하나 되기를 원하시나요?"

가시나무는 "주님은 진리에 대한 애정과 선이 하나 되기를 원하

십니다."

나는 "그렇다면 악령은?"

가시나무는 "악령들은 거듭나지 않은 마음으로 애정을 가지고

거짓이 진리인 것처럼 착각을 일으키게 합니다. 그렇게 해서 거

짓을 사랑하게 만듭니다."

나는 "비천한 거짓 사상을 의미하는 가시나무가 진리를 사모하

는 이성을 상징하는 백향목에게 다가가서 하나 되기를 요구하는

것은 악마들의 수법입니다. 한마디로 오만입니다. 이처럼 악마

는 우리 속에서 거짓된 생각을 부추겨서 감각적이 되게 하여 영적 세계를 망가뜨리고자 끌어내려는 노력을 계속하고 있습니다."

나는 "왜 사람들은 이런 감각적인 욕심에 속을까요?"

가시나무는 "악마는 세상에서 살아가기 위해서는 감각에 휩쓸려도 어쩔 수 없다는 것을 강조합니다. 인간은 죄를 지을 수밖에 없다고 말합니다. 그런 생각들은 한편 이해될 수 있는 것처럼 보이지만 가만히 생각해 보면 거짓된 논리입니다."

나는 "네"

가시나무는 "거짓은 진리를 사랑하는 마음을 감각적인 수준으로 끌어내립니다."

나는 "어떻게요?"

가시나무는 "예를 들어, 어떤 처녀가 고이 간직한 사랑을 자기의 남편 될 사람에게 주는 것처럼 진리에게 애정을 주어야 하는데, 자기 남편인 진리를 못 알아봅니다. 거짓된 생각은 진리를 볼 수 있는 시력을 잃게 만듭니다."

나는 "그래도 그들은 자신들이 진리를 갖고 있다고 우겨대는데요?"

가시나무는 "그렇습니다. 잘 보셨습니다. 그들은 자기들의 말이 맞다는 것을 주장하기 위해 이런저런 들은 얘기를 갖다 붙입니다. 그러나 이것도 먹히지 않으면 욕을 해대고 비난하고 정죄까지 합니다."

나는 "하하 대개 그렇게 하지요."

가시나무는 "거짓과 결합하면 그렇게 하는 것이 일반적인 모습입니다. 그들은 자신들의 말이 진리라고 확신합니다."

나는 "그래서 그들이 얻는 것은 무엇인가요?"

가시나무는 "영광을 독차지 하기 위해서입니다. 모든 생각을 지배해서 왕이 되고자 하는 것이지요. 그러나 선이라는 열매는 불가능합니다."

우리는 자신의 능력을 과대평가하기를 좋아한다. 그래서 주님께 의지해야 한다는 점을 쉽게 망각한다. 모든 선은 주님 안에 있고 그분으로부터 오는 것이다. 그러나 악을 사랑한다면 그 악에 대한 책임은 자신이 져야 한다. 또한 우리가 선을 내 것이라고 주장하면, 선의 근원인 주님의 자리를 빼앗는 격이 된다. 그렇다면 천국 또한 멀어지고 말 것이다.

그러면 어떻게 할 것인가? 우리는 단지 주님의 그릇이라는 점을 알고, 하늘의 신령한 것을 담을 수 있는 그릇을 깨끗하게 하는 것이 중요하다.

나는 "지나가던 레바논의 들짐승에게 짓밟히는 신세가 되었다는 의미는 무엇인가요?"

가시나무는 "짐승이란 애착을 의미합니다. 선한 애착이 거짓을 밟아 버렸다는 말입니다."

나는 "아! 결국 선으로 악을 이기는군요. 빌라도가 가시나무로 왕관을 엮어 예수의 머리에 씌운 것은 무엇을 의미하나요?"

가시나무는 "그것은 악을 정당화하기 위해 하는 짓입니다. 자신의 지혜가 예수의 지혜보다 더 높다고 우쭐대는 행위입니다."

나는 갑자기 인간들이 자신의 지혜가 지혜의 근본 되시는 주님보다 높다고 한다는 말에 가슴이 아팠다. 자기의 악을 정당화하기 위한 인간의 수법이 얼마나 오만불손한가?

진리 자체가 되신 분에게 거짓되고 불순한 지식과 사상을 올무로 씌어버리다니 너무나 엄청난 교만이 아닌가? 그러면서도 말하기를 "하나님은 우리 편이시다"라고 부르짖는다.

가시나무와 헤어지고

자귀나무를 만나다

나는 길가의 자귀나무를 보았다. 성경에 자귀나무는 합환채로
부르기도 한다. 이 나무는 뿌리가 사람의 모양을 띠고 있어서 고
대 아랍인들은 부부사랑의 상징으로 여기고 '사단의 사과' 혹은
'사랑의 묘약'으로 불렀다.

한방 동의보감에서는 자귀나무의 껍질을 합환피라고 하여 오장
을 편하게 하고 심지를 이롭게 하는 효능이 있다고 하였다.

나는 자귀나무에게 다가가서 "나는 마음의 세계를 다니면서 진
리를 찾고 있습니다. 당신에 대해 알려 주시기를 바랍니다."

자귀나무는 "우리의 뿌리는 사람 모양을 하고 있기 때문에 아랍
인들은 고대로부터 사랑 사과라고 하였습니다. 그래서 사랑의

묘약으로 쓰였습니다."

나는 "사람들이 어떤 이유 때문에 당신을 찾았을까요?"

자귀나무는 "주로 마취제나 최음제로 쓰이기 때문입니다."

나는 "그런 성분 때문에 당신을 악마의 이름을 따서 '만드라고라' 라고 하였나보군요."

자귀나무는 "르우벤이 밀을 거두어들이면서 캐다가 어머니 레아에게 주었는데(창30:14) 저녁에 들에서 돌아오는 야곱에게 레아는 내 아들의 합환채로 당신을 빌렸습니다 하고 외쳤습니다."

나는 "그렇군요. 르우벤이 밀을 수확했다는 의미는 무엇을 말하지요?"

자귀나무는 "믿음을 가지고 선행하는 것을 의미합니다."

나는 "합환채를 발견하는 것은?"

자귀나무는 "사랑으로 하나 되는 것을 의미합니다."

나는 "들판에 있는 합환채는 무엇인가요?"

자귀나무는 "들판은 교회를 의미합니다. 들판에 있는 합환채는 믿음의 진리와 함께하는 사랑을 말합니다. 이것이 교회를 만들기 때문입니다."

나는 극렬한 시험의 상태에서 사랑과 믿음을 생각해 보았다. 시험을 받으면 사랑과 믿음이 떨어질 수밖에 없다. 아무리 믿음이 견고하더라도 시험이 오면 주님과 연결이 끊어지고 깊은 어둠 속에 떨어지게 된다. 시험은 생명의 손실을 두려워하게 된다.

생명의 손실을 두려워하면 생명을 사랑하려는 애착은 다른 때보다 더 강렬해진다. 그러므로 우리는 주님께 나아가는 합환채와 같은 것이 필요하다. 주님은 시험의 상태에서 제자들에게 더욱 친밀하게 다가오신다. 주님은 진리와 함께 그분의 사랑을 우리 가운데 주신다.

나는 "그것을 레아에게 가져온 것은 무엇이지요?"

자귀나무는 "진리의 애착을 의미합니다. 성경에 등장하는 이 약초는 부부애를 깔고 있습니다."

나는 "마음의 세계에서 당신은 무엇을 의미합니까?"

자귀나무는 "부부가 하나가 되어 기쁨을 함께 하는 사랑을 의미합니다."

과거에 나는 나 자신의 애착을 삶의 기준으로 삼았다. 나는 나의 애착을 선으로 여겨 왔으며 지식을 진리로 이해하였다. 그중의 하나가 바로 '자기사랑'에 관한 주장이었다.

즉 자존감을 위해서는 자기를 사랑해야 한다는 이론이다. 나도 한때는 자기를 먼저 사랑해야만이 이웃을 사랑할 수 있다고 말했던 적이 있었다.

그런데 주님께서 내게 자비를 베푸셨다. 주님이 내게 찾아 오셨고 진리의 빛을 주셨다. 그 빛은 본질적 지혜이다. 시편에 하나님은 빛 가운데 거하신다고 하였고, 요한계시록에서는 새예루살렘은 등불이 따로 없으니 주님께서 친히 비추신다고 하였고 요한복음에는 말씀은 세상의 모든 자를 비추는 빛이라고 하였다.

내게 있어서 그 빛은 진리에 대한 애착을 갖도록 나를 이끄셨다. 나는 궤도를 수정한 전차처럼 원리를 수정하였다. 그것은 먼저 주님을 사랑할 때만이 비로소 자신을 사랑할 수 있다는 것이다. 나는 계속적으로 주님사랑과 이웃사랑을 강조하면서 스스로에게 가르쳤다. 그러자 내 안에 진리로 인하여 자기사랑이 덤으로 주어졌다. 자기사랑을 먼저 구할 때는 주님사랑은 물론 자기사랑도 놓쳐 버렸는데, 주님사랑을 강조했더니 자기사랑이 보너스로 주어진 것이다. 이 지식이 내게는 너무나 새로운 지식이었다. 이는 거듭난 자만이 알 수 있는 영적인 지식이다.

자귀나무와 헤어지고

삼나무를 만나다

나는 높이 솟아 아름답게 생긴 나무 그늘에 털썩 주저앉았다. 그늘에 앉으니 시원함이 느껴졌다. 나는 둥근 밑 둥지부터 뾰족한 꼭대기까지 우아하게 높이 뻗은 삼나무가 궁금해졌다.

삼나무는 매끄럽고 단단하고 향기가 나고 내구성이 튼튼한 나무로 알려졌다. 에베소 신전의 문은 삼나무로 만들어서 400년이 지나도 새것처럼 보였다는 일화를 들은 적이 있다. 고대인은 문서를 보관할 때 삼나무에 보관했다. 삼나무의 줄기와 잎새는 하늘을 향해 아름답게 치솟아 오르는데 그 모습이 마치 하늘로 향하는 것으로 여겨 사람들은 삼나무를 무덤가에 심었다고 한다.

나는 삼나무에게 "나는 마음의 세계를 다니며 진리를 찾고 있습니다. 당신에 대해 말씀해 주시기를 바랍니다."

삼나무는 "우리들은 봄에 많은 꽃이 피고 방울 열매가 맺힙니다."

나는 "마음의 세계에서 당신을 두고 무엇이라고 말합니까?"

삼나무는 "우리는 영생을 상징합니다."

나는 "왜 당신을 두고 영생을 의미합니까?"

삼나무는 "줄기와 가지와 잎새가 모두 하늘을 향해 아름답게 치솟기 때문입니다."

나는 "또 다른 이유는 없나요?"

삼나무는 "아! 우리는 내구성이 강해서 변색되지 않기 때문에 하늘에서 주와 함께 변함없이 누리는 영생을 의미합니다."

나는 "그래서 광야에 있는 싯다의 삼나무를 심을 것이다(사41:19)고 했나요? 그 의미는 무엇이지요?"

삼나무는 "광야는 진리가 무지한 상태를 의미합니다. 그 의미는 이방인들 사이에서 교회가 세워질 것을 말합니다."

나는 "만일 당신에게 영생의 지식이 소멸되면 무엇을 의미합니까?"

삼나무는 "그때는 슬픔과 연관이 됩니다."

나는 "네, 그렇군요."

삼나무는 "우리들은 하늘을 향해 뾰쪽하게 솟아 있기 때문에 영생에 이르는 지식을 의미합니다. 솔로몬이 성전건축을 하면서 삼나무 널판으로 성전마루와 바깥문을 만들었습니다."

나는 "삼나무 널판으로 성전 마루를 만들었다는 것은 무슨 의미인가요?"

삼나무는 "영생의 이치를 알아야만 진정으로 주님께 나아갈 수 있습니다."

나는 "아 그러니까 성전에 들어가기 위해서는 삼나무 문을 통과하여 삼나무 마루에 무릎을 꿇고 주님을 뵈옵는 것이군요."

어느 부자 청년이 주님께 와서 영생의 지식을 얻고자 하였다. "선한 선생님이여 내가 무엇을 하여야 영생을 얻으리이까"(막 10:17). 주님께 질문한 청년의 고백은 가치의 혼란을 겪는 현대인의 고민이기도 하다. 주님은 영원한 삶을 위해 고민하던 청년에게 먼저 행할 것을 가르쳐 주셨다.

주님은 영생을 위해서 지켜야할 것과 선용할 것을 말씀하셨다. 주님의 첫 번째 처방전은 "네가 생명에 들어가고자 하거든 계명

들을 지켜라." 였다. 그러자 청년은 "어느 계명입니까?" 라고 물었
다. 주님은 시내 산에서 말씀하신 돌 판에 새긴 계명을 말씀하신
다. 그 계명은 열 가지인데 특별히 둘째 돌 판을 언급하셨다. "살
인하지 마라. 간음하지 마라. 도둑질하지 마라. 거짓 증언 하지
마라."

청년은 말하기를 그것은 어려서 다 지켰다고 대답했다. 주님은
다시 말씀하신다. 한 가지가 더 있어야 한다고 말씀하셨다. 그것
은 선용이다.

"가서 네가 가진 것을 모두 팔아 가난한 사람들에게 주어라. 그
러면 하늘에서 보화가 있을 것이다." (막10:21).

주님의 두 번째 말씀은 청년의 마음을 흔들어 놓았다. 청년은 고
민하기 시작했다. 왜냐하면 그에게는 재물이 많았고 재물에 대
한 소유욕이 있었기 때문이다. 주님은 영생 얻는 길은 첫째로 계
명을 지키는 일이고 둘째로 자기의 욕심을 비워 선용하는 것이
라고 말씀하신다.

인간이 선용을 베풀지 않는 이유는 재물에 대한 집착과 소유욕
이 빚어낸 결과이다. 만일 인간이 재물을 소유하기 위한 목적이
아니고 선을 베풀기 위해서 재물을 사용한다면 그는 영생을 얻

게 된다. 일시적인 것을 가지고 영원한 것을 창출하게 된다.

그러나 일시적인 재물을 가지고 부의 축적에 집착하기 시작하면 일시적인 것으로 끝나고 만다.

나는 삼나무를 보고 "오늘날 사람들은 영생의 확신이 없어요."

삼나무는 "네, 영생의 확신이 없기 때문에 세속적인 것에만 매달리게 됩니다."

나는 "종교를 가진 자들이 영생의 확신 없이 살면 어떻게 되나요?"

삼나무는 "그렇게 되면 죽음을 두려워합니다. 그리고 세상에서만 모든 행복과 즐거움을 누리고자 합니다. 화려하게 건물을 짓고 그 안에서 자신들의 권력과 이기심을 채우고자 합니다."

나는 "그것은 삼나무 문지방과 널판을 뜯어내는 꼴이군요?"

나는 영생의 확신을 생각하면서 하늘나라는 어떤 나라인가를 고민했다. 하늘나라는 주님의 진리가 사람의 마음에 이식되어 형성된다. 하늘나라는 사랑과 지혜의 원리로 세워지기 때문에 하나님의 특별한 총애를 받아서 입장하는 것이 아니라 사랑과 지혜의 원리가 삶에서 구체화된 사람이 들어가는 것이다.

삼나무와 헤어지고

소나무를 만나다

나는 소나무를 보았다. 소나무는 백설이 쌓일 때 푸른빛을 잃지 않는 선비의 기상을 드러내는 나무이다. 소나무는 주택이나 가구의 재료로 쓰이기도 하며 솔방울은 풍요의 상징으로 여긴다.

소나무는 한국인의 기상과 선비정신의 표상이고 쑥과 더불어 기근을 구한 식품으로 쓰이기도 하였고 전통식품 다식의 재료로 한약재 복령의 숙주로 사용되었다. 이처럼 소나무의 다양한 용도는 가정과 소유와 관습과 사상에 있어서 외부의 거센 방해를 막아주는 원리가 되는 열정적인 기백을 나타낸다.

나는 소나무에게 다가가서 "나는 마음의 세계를 다니며 진리를 찾고 있습니다. 당신에 대해 알려 주시기를 바랍니다."

소나무는 "성경에는 우리를 두고 초막을 짓는데 쓰이고(느8:15),

레바논의 영광이라고 하였고 거룩한 곳을 아름답게 하였다고 했

습니다." (사60:13).

나는 "당신은 마음의 세계에서 무엇을 의미합니까?"

소나무는 "자연적인 진리를 의미합니다."

나는 "자연적 진리가 무엇인가요?"

소나무는 "사람은 누구든지 태어나면서 믿음과 사랑을 가지고

있습니다. 자연적 진리는 아직 인격이 개발되지 않은 거듭나기

전의 인간의 자연적 상태를 말합니다."

나는 "자연적 상태는 인간의 본성적인 바탕을 의미하나요?"

소나무는 "그렇다고 말할 수 있습니다. 자연적 상태에는 합리성

이 포함됩니다."

나는 "합리성이요?"

소나무는 "네, 합리성은 진리를 이해하는 기능을 의미합니다."

나는 "진리를 이해하고자 한다는 것은 진리를 사모한다는 뜻인

가요?"

소나무는 "그렇습니다. 진리를 사모할 뿐만 아니라 깨닫는 능력

까지 말합니다."

나는 "중요한 것은 진리를 사모하고 깨닫고자 하는 마음이겠군요?"

소나무는 "네, 누구든지 아직 거듭나지 않았더라도 진심으로 진리를 알고자 한다면 마음 안에 들어 있는 합리성이 작동하여 그 정도에 따라 진리를 깨닫게 됩니다."

나는 "합리성은 진리를 깨닫는 능력이라고 말할 수 있나요?"

소나무는 "그렇습니다. 합리성은 창조 시에 사람에게 주어졌습니다. 이 기능은 사물을 이해하고 선악을 구별하는 기능입니다. 이것으로 사람과 짐승이 구별됩니다."

나는 "선악을 구별하는 능력이라! 아직도 잘 모르겠네요."

소나무는 "네, 합리성에는 두 갈래의 길이 있습니다. 하나는 세상적인 길이요 다른 하나는 영적인 길입니다."

나는 "그러면 사람이 합리성을 가지고 살아가는 모습이 다르겠군요?"

소나무는 "그렇습니다. 합리성으로 세상적인 사람은 지옥 주민처럼 살지만 영적인 사람은 천국 시민과 같이 행동합니다."

나는 "나는 두 가지가 구별이 잘 안되는데요?"

소나무는 "그렇습니다. 위선자들은 겉으로 아름답게 포장하기 때문에 구별하기가 어렵습니다. 그러나 분명한 것이 있습니다. 진리를 구하는 자들은 늘 자기 마음을 검토합니다."

나는 "마음을 검토한다고요?"

소나무는 "자연적인 사람은 다른 사람의 선과 악은 보지만 자기 마음을 검토하지 않기 때문에 자신의 악을 보지 못합니다."

나는 "만약 다른 사람이 마음속에 있는 잘못을 지적하면요?"

소나무는 "만일 다른 사람이 자신의 결점을 지적하면 그는 곧바로 강하게 저항하거나 덮어 버립니다."

나는 "그렇다면 자연적인 사람은 깨닫지 못하겠군요."

소나무는 "그렇습니다. 그런 사람은 진리를 깨달을 수 없습니다. 그렇지만 진정 사람이 되기 위해서는 합리성을 가지고 진리를 구해야 합니다."

나는 "합리성이 더 궁금해지네요."

소나무는 "합리성은 사려 깊은 생각에서 나옵니다. 그렇지 않으면 가증한 본성이 드러납니다. 그렇기 때문에 합리성으로 자신을 검토해야만 합니다."

나는 "합리성으로 자기를 검토한다면 초기 자연적 믿음에서 영적 믿음으로 나아가겠군요?"

소나무는 "그렇습니다. 사람에게 있는 믿음과 사랑이 영적으로 되는 만큼 자아에서 물러나게 되어 구원과 영생의 기쁨 안에 있게 됩니다."

나는 "예를 들어서 설명해 주세요."

소나무는 "음, 예를 들면, 주님을 찾아 온 부자 청년이 어떤 선한 일을 해야 영원한 생명을 얻는지 물었습니다. 사실 그는 주님께서 자기에게 무엇을 요구하든지 기꺼이 할 수 있을 거라는 확신을 가지고 있었습니다. 그런데 자기를 부인해야 한다는 것을 알게 되자 그는 근심하고 염려해서 주님을 떠났습니다."

나는 "그것은 자연적 상태를 말하나요?"

소나무는 "네, 그렇습니다. 또 하나가 있습니다. 베드로가 주님을 섬기는 부분에 대해 자만심이 있었습니다. 그래서 주님과 함께 죽는 한이 있더라도 결코 주님을 모른다고는 하지 않겠습니다 하고 장담하였습니다. 그런데 얼마 못되어 그는 주님을 세 번 부인하였고 주님을 버리고 도망했습니다."

나는 "이 경우에도 자연적 상태인가요?"

소나무는 "네, 자연적 상태에서는 자기의 사랑과 믿음의 품질이 어떤지 인식하지 못합니다."

나는 "그러면 그런 자연적 상태에서 영적 상태가 되려면 어떻게 해야 하나요?"

소나무는 "진리를 실천해야 합니다. 진리를 실천한 만큼 생명이 주어집니다."

나는 "진리를 실천하고자 한다면 어떤 원리를 가져야 할까요?"

소나무는 "먼저 선한 원리를 가져야 합니다. 그러면 선과 진리의 품질이 높아지면서 영적인 상태에 있게 됩니다."

나는 "예로부터 선비들이 눈보라가 치고 비바람이 불어와서 꿋꿋하게 뿌리를 박고 푸름을 유지하기 때문에 소나무는 사상과 지혜를 끝까지 간직하려는 의지의 표상으로 보았는데요?"

소나무는 "선비들은 정신적 지조를 생명같이 여겼습니다.

나는 "그리스 신화에도 소나무가 나오지요?"

소나무는 "헬라인들은 바다의 신으로 섬기던 포세이돈 신전이 고린도 이스트무스 섬 소나무 숲에 있었다고 했습니다. 그리고 그를 기념한 축제에서 우승자에게 소나무관을 씌워 줍니다."

나는 "알겠습니다. 그러면 솔방울은 무엇을 의미합니까?"

소나무는 "솔방울은 내적인 깨달음이라고 할 수 있습니다."

나는 "깨달음을 가지려면?

소나무는 "사람이 깨닫고자 한다면 이전의 낡은 생각을 버려야 합니다. 사람들은 우리들의 향을 맡고는 산뜻하다고 합니다."

나는 소나무와 대화하면서 자연적인 마음속에 들어있는 합리성을 깊이 생각하였다. 우주에는 보편타당한 질서가 있다. 자연세계와 사람의 몸은 서로 소통할 수 있는 질서를 가지고 있다. 마찬가지로 영적 세계와 마음도 소통할 수 있는 질서를 가지고 있다. 그러므로 인간은 몸으로 자연과 소통하고 마음으로는 영의 세계와 소통하면서 살아간다. 인간의 마음은 주님과 연결되어 있으며 질서 있게 살면 생명이 주어진다.

그 질서의 지식은 진리이다. 그러므로 인간에게 필요한 것은 진리의 지식이다. 인간은 진리의 지식에 의해 합리성을 갖는다. 인간이 진리의 지식을 추구한다면 희망이 있다. 고로 인간에게는 세 가지 지식이 필요하다.

첫째는 자신의 몸에 관한 지식이다. 몸에 유용한 음식 섭취와 의식주, 몸의 건강을 유지하는 지식이 필요하다. 인간은 누구라도 건강을 유지하기 위해 운동을 하고 좋은 음식을 먹고 아프면 약을 먹거나 병원에 가면서 건강을 유지한다.

둘째는 사람답게 살기 위한 지식이다. 즉 과학, 경제, 법, 도덕에 관한 지식을 익힘으로 좀 더 합리적인 인간이 된다. 이는 부모, 학교 혹은 인간관계를 통해서 터득된다.

여기에는 이성이 힘을 발휘한다. 인간은 지식을 배움으로 사회법을 지키고 남에게 피해를 주지 않고 윤리와 도덕을 실천하고 대인관계를 한다. 즉 사람답게 살기 위한 도리를 배운다. 만일 인간에게 이런 지식이 없다면 그는 짐승보다 못하게 살아갈 것이다.

셋째는 영원한 세계에 관한 지식이다. 이는 종교적 지식인데 하나님, 선, 진리, 생명, 천국과 지옥 등이다. 인간이 태고부터 지금까지 종교적 지식 없이 지내온 시절은 없다. 인간의 마음속에는 언제나 죽음 이후의 세계가 있다는 것과 그 나라는 선을 실천하는 자들이 들어가며, 만일 악하게 산다면 무서운 형벌을 면치 못한다는 것을 안다. 그래서 인간은 절대 절명의 위기를 만나면 하나님을 찾는다. 이 지식은 진리의 지식이고 행동의 실천과 함께 본질적인 내면의 변화를 요구하는 지식이다. 이 지식은 양심과 지각에 부합된다.

인간은 세상에서 세 가지 지식을 가지고 활용함으로 살아간다. 세 가지 지식 중 가장 으뜸 되는 지식은 영원한 세계의 지식이다.

지식은 배움을 통해서 터득된다. 교육은 황폐와 절망에서 사람답게 살아갈 수 있는 기회를 제공한다.

진리는 몸과 마음의 질서를 의미한다. 몸과 마음에는 영원한 질서가 존재한다. 이 질서는 하나로 통일되어 있는데, 영원한 세계의 법칙을 따를 때 마음의 질서와 몸의 질서가 회복된다. 이는 진리대로 산다는 것을 의미한다.

그러므로 인간은 진리의 지식을 배움으로 사람답게 살 수 있다.

합리성은 영적인 삶으로 이끌지만 만일 합리성을 남용한다면 겉으로는 도덕적인 모습을 보이지만 속에는 매우 악해져서 결국 악한 짐승이 되고 말 것이다. 그러므로 사람이 합리적 능력을 선한 목적을 위해서 사용해야 한다. 합리성을 잃어버린다면 그는 감각적인 상태가 되어 미쳐 날뛰듯이 인생을 엉망진창, 잔인무도하게 살게 되는 것이다.

나는 나 자신의 합리성을 돌아보았다. 그리고 스스로 다짐한다. 이제 나는 더욱 더 사려 깊은 생각의 훈련으로 진정 주님을 본받아 사람답게 살고자 한다.

소나무와 헤어지고

버드나무를 만나다

나는 시냇물을 따라 걸었다. 시냇가 옆에 가지가 축 늘어져 있는 버드나무를 보았다. 버드나무는 키가 작고 초록빛을 띠고 가지가 옆으로 길게 퍼져 있었다. 버드나무는 부드럽고 민감한 잎새로 구성되는데, 바람이 불 때마다 잎새가 반짝거렸다.

이스라엘 자손은 장막절을 찾을 때 시내버들을 취하여 주 앞에서 칠일동안 기뻐했다고 하였다(레23:40). 그런가하면 그들은 힘든 일을 만나면 버드나무 가지에 수금을 걸어놓고 슬퍼했다(시137:2).

나는 길게 뻗은 버드나무 그늘에 앉아서 "나는 마음의 세계를 다니며 진리를 구하고 있습니다. 당신에 대해 알려 주시기를 바랍니다."

버드나무는 "우리는 잎새의 양면의 색깔이 다릅니다. 마음의 세계에서 물을 향한 밝은 초록색은 달을 의미하고 햇빛을 향한 짙은 초록색은 해를 반영합니다."

나는 "아! 잎새의 앞뒤가 해와 달을 의미한다면 당신은 생명의 나무이군요."

버드나무는 "그렇습니다."

나는 "당신은 부드럽고 가느다란 줄기와 민감한 잎새는 무엇을 의미하나요?"

버드나무는 "나의 그런 부분은 섬세하고 민감한 생각을 말합니다. 내가 그렇게 섬세하기 때문에 사람들은 내게 찾아와 버드나무 가지에 거문고를 걸어 놓고는 고단한 인생길에서 오는 고통을 탄식하였습니다."

나는 "당신은 누구든지 찾아와서 기쁨과 슬픔의 감정을 함께 나눌 만큼 예민하군요."

버드나무는 "네, 우리들은 작은 기운을 받아도 온몸으로 느낍니다."

나는 "고통과 슬픔을 예민하게 반응한다면 현실의 삶속에서 위기를 만날 때마다 주님을 더욱 의지할 수 있겠군요?"

버드나무는 "네, 버드나무 가지는 매우 유연하여서 구부릴 수 있는 것처럼 기쁠 때나 슬플 때나 주님께 마음을 내려놓거나, 주님께 의지하는 마음을 가지고 있습니다."

나는 "저도 그렇게 순간마다 더욱 주님을 의지하기를 원합니다."

버드나무는 "제 씨앗을 보세요. 솜털같이 작은 씨앗은 봄철 바람에 휘날립니다. 주님이 주시는 은혜의 바람이 부는 대로 떠다니는 것은 믿음의 증거가 아니겠어요?"

나는 "맞습니다. 마음의 세계에서 당신은 무엇을 의미합니까?"

버드나무는 "마음의 세계에서 우리는 이웃에게 선용하는 지식을 의미합니다. 선용하는 지식은 시냇가의 버들처럼 영적인 깨달음의 물줄기가 흐르게 됩니다. 그러나 선용하지 않는 지식은 마른 버드나무 가지처럼 곧바로 생명을 잃고 맙니다."

나는 "당신은 무척 예민한 지식을 가지고 있군요."

버드나무는 "성경에는 이스라엘 백성이 시내 버들을 취하여 칠 일 간 기뻐했다고 하였습니다(레23:40). 버드나무를 기쁨과 슬픔으로 빗대고 있습니다. 버드나무 가지가 번창하고 풍성할 때는 기쁨을 상징하고 궁핍할 때는 슬픔을 나타냅니다."

113

나는 "무슨 뜻이지요?"

버드나무는 "기쁨은 주님으로부터 받은 은혜를 감사하는 것이고, 슬픔은 핍박이나 고난이 왔다는 것을 말합니다."

나는 "슬퍼할 때는 사람들이 어떻게 하나요?"

버드나무는 "버드나무 가지에 수금을 걸고 슬퍼합니다(시137:2). 지난 날의 받은 축복과 은혜의 상실을 애통합니다."

나는 "예언자들이 왜 하필 버드나무에 거문고를 걸어두면서 슬퍼하나요?"

버드나무는 "그것은 삶을 통해 주님께 믿음의 고백을 해야 하는데, 그러지 못한 것을 안타까워하면서 다시금 예민하게 믿음으로 되돌아가고 싶은 심정으로 걸어놓은 것입니다."

나는 "그렇군요. 단지 그 이유 때문인가요?"

버드나무는 "주님께 대한 믿음은 이웃에게 선용을 통해 고백되는 것입니다. 현재는 절망스러운 상황이지만 이제라도 정신을 차리고 주님을 의지하고자 하는 것입니다."

나는 "네, 저도 환란으로 인해 낙심한 경우가 많았습니다. 되돌아보면 그때마다 나 자신을 돌아보고 새로워지기를 간절하게 소원하며 기도했습니다. 사람들이 당신께 와서 심기일전할 때 당신은 뭐라고 권면하시나요?"

버드나무는 "선한 자는 주님을 의지하고 이웃에게 선용하는 자체로 즐거워합니다. 나는 주님을 믿는 즐거움은 은혜의 결과이지 그 대가는 아니라는 것을 일러 줍니다. 마찬가지로 고난도 역시 삶의 결과이지 대가는 아닙니다. 대가라고 여기면 잘될 때는 높아지고자 하고 어려울 때는 주님을 원망하기 때문입니다. 자신의 잘못으로 인한 고난은 삶의 결과라고 여기고 더욱더 심기일전하여 인내하며 견디라고 권면합니다."

나는 "좀 어렵네요! 그동안 나는 주님께서 왜 내게 주님께서 이런 시련을 주시는가? 주님이 나를 버리시는 것이 아닌가? 하면서 괴로워하고 절망하면서 괴로워했어요."

버드나무는 "하하! 자신에게 조금이라도 어려움이 오거나 고난을 당하게 되면 스스로 말하기를 하나님이 자신에게 왜 이런 시련을 주느냐고 말하는 이들이 있습니다. 이들은 고난이 삶의 결과라는 생각은 하지 못합니다. 자신이 잘못 살아온 결과물이라는 생각은 하지 않는 것입니다."

나는 "그러면 고난이 오면 어떻게 해야 하지요? 삶에 대해 반성해야 되나요?"

버드나무는 "만일 그가 자기에게 주어진 고난이 신의 벌이라기보다는 자신이 잘못 살아온 결과 즉 삶의 열매라는 사실을 인식했다면 그가 처한 현실의 고통으로 인한 두려움에서 벗어날 수 있을 것입니다."

나는 "아! 그런가요? 왜 고난을 자기 탓이라고 여겨야 하지요?"

버드나무는 "비록 고난이 올지라도 주님은 절대로 우리를 버리시지 않습니다. 그분은 더욱 우리를 사랑하시기 때문입니다. 신앙이란 이런 사실을 기초해서 움직이는 것입니다."

나는 "나도 이제야 눈을 조금 뜨게 되는 것 같습니다. 저는 조금만 어려움이 와도 왜 주님께서 내게 이런 시련을 주시는가를 밤을 새워 고민하며 괴로워했습니다. 그런데 그것이 삶의 열매라는 말씀을 듣고 보니 과연 그렇다는 생각이 들면서 내 죄를 회개해야 되겠다는 마음이 드는군요."

버드나무는 "네, 많은 분들이 내게 와서 그것을 깨닫게 됩니다. 시련의 유익한 점은 시련을 통해서 비로소 영적인 눈이 뜨이고 슬픔과 기쁨이 어우러져서 결국에는 선한 열매를 보게 됩니다."

(롬8:28).

나는 "그러면 욥처럼 주의 은혜를 듣기만 하였더니 이제는 눈으로 주를 뵈옵나이다. 그러므로 내가 스스로 한하고 티끌과 재 가운데서 회개하나이다(욥42:5-6)라고 고백하게 되겠군요."

버드나무는 "네, 그렇게 해서 어두웠던 눈이 밝아지고 믿음이 온전하게 되는 것입니다."

나는 버드나무와 대화하면서 가슴속에 뭉클한 무언가가 올라왔다. 그것은 시험을 통해서 결국 선한 열매를 보게 된다는 희망 때문이다. 그런 희망은 주님의 섭리를 받아들인 결과이다. 주님을 믿는 자들은 하늘나라에 도달하기 위한 과정에서 악한 불의 세력과 거짓의 풍랑을 반드시 거치게 된다.

불 가운데 지날 때는 뜨거운 불길로 인해 고통스럽다. 하지만 불길 가운데서 끄집어 낸 순수한 인격은 겉으로 보면 볼품없지만 아름답고 선하다. 진실로 주님을 따르는 자들은 폭풍과 홍수가 한꺼번에 들이닥쳐 숨 막히는 상황이라 할지라도 그 속에서 길을 찾고자 하는 마음은 더욱 간절하다.

그리고 시험을 통해서 더욱 순수해지고 선해지게 되는 경험을 한다. 마치 우리가 좋은 상품을 사용해 보면 그 가치를 알 수 있듯이 신앙생활도 같은 원리이다. 악한 세상에서 진리를 사용해 보지 않고서는 진리가 얼마나 소중하고 가치 있는지를 절대로 알지 못한다.

우리가 시험을 당할 때 진리는 과연 믿음을 가지고 있는지를 명료하게 드러내준다. 만일 우리가 진리를 사랑한다면 진리를 위해 어떤 고통이라도 달게 받을 각오를 할 것이고, 거짓된 것은 비록 손해를 보는 한이 있더라도 단호하게 버릴 것이다.

그러나 반대로 재물이나 정욕을 사랑한다면 여우 꼬리에 불을 붙인 것처럼 악한 길로 쏜살같이 달려갈 것이다. 그런 식으로 정욕을 향해 달려가는 어리석은 자의 뒷모습을 본 일이 있는가?

그가 쾌락에 젖어서 당시에는 웃고 즐길 수 있지만 그 결과는 자신이 반드시 책임을 져야 할 것이다. 왜냐하면 거짓의 모래 위에 지은 성은 진리가 나타나면 반드시 한꺼번에 와르르 무너질 수밖에 없기 때문이다.

나는 자신에게 이렇게 소리치고 싶다.

"너는 알라! 마음속에 네가 가지고 있는 모든 것은 곧 생명이 될 수도 있고 사망을 가져올 수도 있다!"

하지만 절망에 빠진 인간은 주님의 섭리를 인정하지 않는다. 모두 자신의 힘에 의해 운명이 결정된다고 여긴다. 그러나 자신이 무력하고 힘이 없고 약하다는 것과 의지할 곳이 전혀 없는 비참한 현실에 처해있다는 사실과 자기 힘으로는 현실에서 벗어나는 것이 불가능하다는 것을 알게 되면서 현실을 직면한다.

인간이 현실을 인식하게 될 때 자신의 신념과 목적이 수정되는 귀중한 시간이 되기도 한다.

마치 탕자가 '아 나는 여기서 굶주려 죽는구나' 하는 것은 현실 직면을 의미한다. 그러나 바로 이순간은 새로운 생명을 얻게 되는 의미 있는 기회가 된다. 자기의 신념이 깨어지고 새로운 상태에 돌입하게 되었기 때문이다.

이런 깨달음은 '아! 나는 무력하다' 하는 철저하게 자기의 현실에 대한 인식과 더불어 온다. 자신이 얼마나 무력하고 힘이 없는 존재인지를 알게 되면서 절망적 상태에서 자기를 건져주는 것은 오직 주님의 지혜와 능력이며 이 모든 것은 하늘로부터 오는 것을 알게 된다.

또한 선이 내 것이 아니고 주님의 것이라는 사실도 알게 된다. 진리가 내 것이 아니고 주님의 것이라는 사실도 깨닫게 된다.

그간 자신이 의롭다고 여겨왔던 신념과 깨끗하다고 주장했던 것이 한꺼번에 무너지게 된다. 결국 인간은 자기 스스로 진리를 행한다는 신념과 특별한 존재라는 교만이 깨어져야 만이 주님은 진리를 찾는 이들과 함께 하시는 분이심을 고백할 수 있다.

이로써 그는 주님 앞에 무릎을 꿇고 엎드리어 겸손하게 비는 상태가 된다.

인간이 두려움과 절망가운데 왜 포기할 수밖에 없으며 폐허의 상태에서 왜 벗어나야 하는지와 주님으로부터 위로와 도우심을 왜 받아야 하는 그 이유를 안다면 주님께 도움을 요청하여 진리를 찾을 수밖에 없다는 사실을 깨닫게 된다.

나는 "당신은 감각적 진리(레23:40)를 의미하군요?"

버드나무는 "인간이 삶을 살아간다는 것은 감각의 경험을 의미합니다. 감각 없이는 제대로 된 인간이라고 할 수 없습니다. 감각은 마음의 가장 외적인 기능입니다. 마음은 감각을 통해서 정보를 받아들입니다. 감각은 마음을 섬기기 위해서 존재합니다. 감각에는 겉과 속이 있습니다. 감각의 겉은 관능과 교류하고 속은 합리성과 교류합니다. 감각을 가지고 관능적이 되면 쾌락으로 빠지지만 감각을 가지고 합리성으로 가면 이성을 추구합니다."

버드나무와 헤어지고

석류나무를 만나다

나는 껍질이 터져 작은 씨가 밖으로 나온 열매가 있는 나무를 보았다. 석류나무였다. 열매는 밝은 분홍색을 띠고 있었고 씨는 매우 많았다. 나는 석류나무 곁에 다가가서 인사를 하고는 말을 건넸다.

"나는 마음의 세계에 진리를 찾으러 다니고 있습니다. 당신에 대해 말씀해 주시기를 부탁드립니다."

석류나무는 "반갑습니다. 우리는 별로 자랑할 것이 없습니다. 그러나 우리는 하나님의 성막에 쓰이는 가구를 만들 때 쓰입니다."

나는 "아! 그렇다면 훌륭한 나무입니다. 그 외에 또 쓰이는 곳이 있나요?"

석류나무는 "주님께서 모세에게 에봇을 지을 때 청색, 홍색, 자색실로 석류를 수놓아서 금방울을 간격을 두어 달고 옷 가장자리로 돌아가며 한 금 방울, 한 석류, 한 금 방울, 한 석류가 있게 하면 아론이 입고 여호와를 섬기러 성소에 들어갈 때와 성소에서 나올 때에 그 소리가 들리면 죽지 않는다고 했습니다."(출 28:33).

나는 "에봇에 석류를 수놓는군요. 에봇은 주님을 섬길 때 입어야 하는 옷이지요?"

석류나무는 "그렇습니다. 아론은 진리를 받들고 섬기는 사람을 의미합니다."

나는 "그렇다면 마음의 세계에서 석류는 무엇을 뜻하지요?"

석류나무는 "석류는 선의 지식을 의미합니다."

나는 "선의 지식이라고요? 그런데 금방울을 왜 옷 끝자락에 매다는지 궁금합니다."

석류나무는 "하하! 석류를 새긴 옷자락마다 금방울을 빙 둘러 옷자락에 매다는 것은 삶의 모든 분야에 반드시 선이 있어야 할 것을 의미하기 때문입니다. 금방울은 선한 예배의 모든 것을 의미합니다. 가장자리를 빙 둘러 금으로 덮은 것은 악이 접근하지 못하도록 하시는 주님의 섭리를 말합니다."(출30:3).

나는 "그렇군요. 그런 의미가 있군요. 그러면 걸어 다닐 때마다 금방울 소리가 들리겠군요."

석류나무는 "네, 석류를 새긴 옷자락에 금방울을 달고 걸어 다닐 때마다 맑고 청아하게 울리는 소리는 진리의 소리입니다."

나는 "아 그래서 위선자들이 자신의 행위를 사람에게 보이고자 옷 술을 길게 했다고 하였군요."

석류나무는 "그렇지만 양은 주님의 음성을 듣고 아는 고로 따라 온다고 했습니다."(요10:4-5).

나는 "그러면 금방울 소리는 주님의 소리인가요?"

석류나무는 "네 그렇습니다. 주님은 죽은 자들이 하나님의 아들의 음성을 들을 때가 오나니 듣는 자는 살아나리라고 했어요."(요 5:25).

나는 "시편에는 여호와의 소리가 힘 있음이여 여호와의 소리가 위엄차다고 했습니다."(시29:4).

나는 석류나무의 말을 들으면서 석류는 진리의 가르침을 의미하고 석류마다 매단 금방울은 선의 예배를 의미함을 알게 되었다. 그리고 에봇의 가장자리에 석류 모양을 새겼다는 것은 선한 삶의 원리와 도덕률을 의미하는 것이며 사랑과 자비의 색을 칠한 석류는 선하고 아름다운 삶이며 금방울은 주님의 음성을 의미하는 것을 깨달았다.

올리브 나무는 주님의 선하심의 지식이고 포도나무는 지혜의 지식이며 종려나무는 구원의 지식이며 무화과나무는 삶의 친절이며 석류나무는 사랑의 선을 의미하는 것이다.

석류나무를 보면서 나는 내 일생 소원은 선한 사람과 어울려 사는 즐거움을 얻고 싶은 것이 나의 꿈이며 즐거움이라는 것을 되새겼다. 시기와 질투와 교만과 아집에 빠져서 살아가는 이들과 어울린다는 것은 그 자체로서 고통이며 괴로움이다. 그러나 뒤돌아보면 악으로 인하여 당한 고통은 당시에는 괴로움과 슬픔이었지만 그것은 나로 하여금 천국을 소망하도록 하는 계기가 되었다. 그러나 그 과정은 너무나 고통스러웠다.

나는 보석같이 빛나는 석류열매를 보면서 물어 보았다. "씨는 주로 무엇에 쓰입니까?"

석류나무는 "씨는 주로 구충제나 방부제에 쓰입니다."

나는 "마음의 세계에서 그것은 무슨 의미가 있나요?"

석류나무는 "하하! 마음의 세계에서는 방부제는 벌레와 같은 그

롯된 생각을 제거해주는 것과 같다고 할 수 있습니다."

나는 "어떻게 제거되지요?"

석류나무는 "선한 깨달음은 온갖 더럽고 추한 생각을 물리치게 합니다."

나는 "그래서 그 열매의 맛이 시기도 하고 달기도 한건가요?"

석류나무는 "그렇습니다."

나는 주님을 섬기는 것이 무엇인지를 생각했다. 제사장이 에봇을 입고 옷자락에 석류를 새기고 금방울을 매달아 방울 소리를 내는 것은 주님을 섬기는 예이기 때문이다.

사실 우리가 교회 직분을 받고 주님을 섬긴다고 말을 하지만, 결국 우리는 자기 삶의 평균 이상으로 주님을 섬기지는 못하는 것이 사실이다. 그러면서도 자신은 전적으로 주님만을 섬기면서 인생을 살고 있다고 떠벌리는 경우가 많다.

인간은 자기 공로를 내세울 만한 것이 하나도 없다. 왜냐하면 우리는 각자에게 맡겨주신 의무 그 이상을 해낼 수가 없기 때문이다. 그러므로 우리는 자신의 의무가 무엇인지를 찾기 위해 진리의 빛을 구해야만 한다. 주님께 의지해서 의무 수행에 지치지 않게 해달라고 주님께 매달려야 한다.

125

자기 스스로 선을 행할 수 있는 자는 아무도 없다. 인간은 오로지 생명을 받는 그릇일 뿐이다. 그러므로 인간이 행할 수 있는 것은 주님을 섬기기 위해 자신을 준비하는 것과 주님의 계명을 지킴으로 행복을 발견하는 것뿐이다.

그러나 교만하여 세속에 빠진 인간은 자기의 능력으로 된 것으로 여겨 자기를 높이면서 공적을 세운다.

예컨대, 시냇물은 그것들이 모여서 강을 이루고 바다로 흘러들어 간다. 강이 바다에게 물을 공급했다고 자랑할 수 있을 것인가? 강물은 어디에서 왔으며 시냇물은 또 어디에서 왔는가? 바다로부터 수분의 증발되어 구름이 되고 비가 되어 쏟아진 것이다.

시냇물이 바다를 향해 "나 없이 너는 아무것도 아니야" 하며 우쭐댈지 모르지만, 지구상에는 그런 순환 과정이 반복되는 것이다. 그 순환과정 속에서 각기 제 몫을 수행하여 모두가 복을 받고, 감사하는 심정과 거듭나는 삶을 통해 주님께로 가는 것이다.

석류나무와 헤어지고

계피나무를 만나다

나는 그윽한 향기 나는 곳을 향해 발걸음을 옮겼다. 마음의 세계에서는 마음 씀씀이에 따라 향기가 다양하다. 선한 자의 향기는 영혼을 소생시키는 능력이 있다. 마음을 평안하게 해주는 은은한 향기를 찾다보니 계피나무가 보였다. 계피는 히브리인들이 주로 침실의 향료(잠7:17)로 사용했으며 성유로 쓰였다(출30:24).

계피는 계수나무의 얇은 껍질로 알데이드 성분이 많은 약재, 향신료이고, 육계는 계수나무의 두꺼운 껍질로 건위, 강장제로 쓰인다. 계피는 세상의 진실한 것에 대한 깨달음, 학문과 지식의 즐거움을 상징한다.

나는 계피나무에게 다가가서는 '나는 마음의 세계를 다니면서 진리를 구하고 있습니다. 당신에 대해 알려 주시기를 부탁합니다."

계피나무는 "계피는 우리들의 겉껍질인데, 주로 약재나 향신료로 사용됩니다. 솔로몬 왕도 계피나무를 재배 하였습니다."(아 4:14).

나는 "아! 그렇습니까? 마음의 세계에서 계피는 무엇을 의미합니까?"

계피나무는 "우리들은 향기를 내기 때문에 이웃 섬김의 지식을 의미합니다. 한마디로 섬기고자 하는 믿음의 고백입니다."

나는 "향료는 믿음의 고백을 의미합니까?"

계피나무는 "그렇습니다. 향기는 신령과 진정으로 드리는 주님께 대한 삶의 예배입니다. 계피는 삶이 정제된 믿음의 고백입니다."

나는 "삶의 예배요?"

계피나무는 "네, 참된 예배는 생활 속에서 드리는 예배입니다. 주님께서 우리를 섬기신 것같이 타인을 섬기는 것입니다."

나는 "예배는 곧 섬김인가요?"

계피나무는 "그렇습니다. 이웃에게 베푸는 것은 마치 주님께 드리는 것과 같습니다. 주님은 내가 배고팠을 때에 너희는 나에게 먹을 것을 주었고, 내가 목말랐을 때에 나에게 마실 것을 주었다고 하셨습니다."

나는 "아!"

계피나무는 "주님은 너희가 네 형제 중 지극히 작은 자에게 한 것이 바로 나에게 한 것이라고 하셨습니다."

나는 "어떻게 해서 타인을 섬기는 것이 주님을 섬기는 것이 될까요?"

계피나무는 "진리를 구하러 다닌다면서 그것도 모르십니까? 선을 베풀고 진리를 공급하는 것을 어느 분이 가장 간절하게 원하시겠습니까? 주님 아니십니까? 그분은 우리 안에서 이웃에게 진리와 선을 실천하는 것을 배고파하시고 목말라 하십니다. 인간이 겸손하게 주님의 진리와 사랑을 주고자 노력할 때 결국 주님께 먹을 것과 마실 것을 드리는 것이기 때문입니다."

나는 계피나무의 말을 듣고 주님의 심정을 생각해 보았다. 인간이 주님의 마음을 어찌 알겠는가? 하지만 우리는 주님이 하신 말씀을 깊이 생각해야만 한다. 내가 배고팠을 때 먹을 것을 주고 목마를 때 마실 것을 주었다는 말씀은 단지 사회복지 차원 정도로만 말씀하신 것이 아니라 속뜻은 주님의 사랑과 진리를 공급하고자 하시는 의도가 들어있다는 것을 알아야 한다.

아!나는 진정 주님의 원하시는 뜻에 맞게 이웃에게 먹을 것과 마실 것을 공급했는가? 더 나아가서 주님의 사랑과 진리를 전해주고자 애를 썼는가?나는 자신을 스스로를 반성해 보았다.

나는 "주님께서 거룩한 관유를 만들 때 계피 오백 세겔을 올리브 기름과 함께 만들라고 하셨어요(출30:22) 무슨 의미이지요?"

계피나무는 "주님께서 말씀하신 의미를 깊이 생각해야 합니다. 계피는 진리의 애착을 의미하고 오백은 충분하다는 것을 의미합니다. 또한 올리브의 기름은 선을 의미합니다. 그러니까 거룩한 관유는 거룩하신 주님을 의미하는 것입니다."

나는 "그러면 계피와 올리브기름을 섞는 것은 진리와 선의 연합인가요?"

계피나무는 "그렇습니다. 진리는 반드시 선한 열매를 얻습니다. 둘은 연합을 이루기 때문입니다. 주님께서 스스로를 진리라고 하지 않았습니까?또한 그 분은 선한 목자가 되십니다."

나는 "그러면 거짓은 무엇과 연합이 되나요?"

계피나무는 "하하! 몰라서 묻나요? 거짓은 반드시 악해집니다. 그래서 마귀를 거짓의 아비라고 하는 것입니다. 거짓을 밥 먹듯이 말하는 분들을 보세요! 그들은 모두 악합니다.”

나는 계피나무의 거침없는 말에 마음이 시원해짐을 느꼈다. 그리고 그의 은은한 향기가 더욱 정겹게 느껴졌다.

계피와 기름의 연합은 진리와 선의 연합이다. 이는 교회의 성만찬을 의미한다. 교회는 진리의 포도주와 사랑의 떡을 받음으로 주님과 하나를 이루는 예식을 한다. 왜 성만찬이 중요한가? 주님의 백성이 마음을 열어 주님과 연합함으로 주님의 생명을 받는 기회가 되기 때문이다.

이와 동시에 성만찬은 주님의 백성들 사이에 사랑을 가지고 연합함으로 더욱 친밀해진다. 아버지의 사랑 안에서 형제들의 사랑이 더욱 증가되기 때문이다.

주님은 '내 살을 먹고 내 피를 마시라' 고 하셨다. 이는 주님과 사람이 결합을 이룬다는 의미이다. “내 살을 먹고”라는 말은 사랑을 뜻하고 “내 피를 마시는 것” 은 진리를 의미한다. 그러므로 성만찬은 주님의 사랑과 진리를 인간이 받아들이고 결합하는 것이다.

인간은 주님의 몸을 상징하는 떡을 받아먹을 때 주님의 사랑과 결합하고, 주님의 피를 상징하는 포도주를 받아 마실 때 주님의 진리와 결합한다. 주님과 하나되는 것은 악을 멀리하고 선을 행하는 것을 의미한다. 이렇게 함으로써 하나님의 자녀임을 확증하게 된다. 주님과 하나됨은 인간이 하늘나라를 의미하는 주님의 몸 안에 들어가게 된다.

우리는 여기에서 중요한 것을 발견할 수 있다. 주님과 결합은 사랑과 믿음의 상태를 이루고 이는 곧 삶에서 열매로 나타난다는 사실이다.

성경에 결합에 관한 구절이 있다. "보아라, 내가 문 밖에 서서, 문을 두드리고 있다. 누구든지 내 음성을 듣고 문을 열면, 나는 그에게로 들어가서 그와 함께 먹고, 그는 나와 함께 먹을 것이다." (계3:20).

야고보는 결합에 대해 말하기를 죽은 믿음으로 살지 말고 살아 있는 믿음 즉 믿음과 행위의 연합을 강조하고 있다. 그러므로 우리는 그의 말대로 믿음과 행위의 결과가 있는가 하는 것을 살펴보아야 한다.

진리의 믿음과 주님 사랑의 연합이 되어 있는지를 살펴보아야 한다.

계피나무와 헤어지고

몰약 나무를 만나다

나는 복숭아보다 작은 갈색 열매를 맺은 몰약 나무를 보았다. 몰약 나무는 가시가 많으며 껍질에서 향기 나는 수액이 나오고, 뿌리에서 분비되는 기름은 공기와 접촉하면 곧 응고된다.

나는 그에게 다가가서 먼저 아는 체를 하고는 다정하게 물어 보았다.

나는 "나는 마음의 세계에 다니면서 진리를 배우고 있습니다. 당신에 대해 알려 주시기를 바랍니다."

몰약 나무는 "우리에게서 몰약이라는 향료가 나옵니다."

나는 "아! 동방박사가 주님께 가져왔던 몰약을 말하는 것입니까?"

몰약 나무는 "네, 그렇습니다. 몰약은 시체의 방부제나 성전에 쓰이는 기름에 넣는 향료입니다." (창37:25).

나는 "마음의 세계에서 몰약은 무엇을 의미합니까?"

몰약 나무는 "몰약은 방부제와 향기로 인해 이웃을 보호하고 위로하는 선한 삶을 의미합니다. 다시 말해서 주님의 계명을 실천하고, 이웃 섬김으로 살아가는 순종의 향기입니다."

나는 "상한 마음을 가진 이웃에게 향기는 큰 위로가 되겠군요. 향은 마음의 세계에서 무엇을 의미하나요?"

몰약나무는 "향은 믿음의 고백입니다. 나의 기도가 주의 앞에 분향함같이 되며 나의 손드는 것이 저녁 제사같이 되게 하소서(시141:2)라고 하였습니다."

나는 "무슨 의미이지요?"

몰약나무는 "주님께 드리는 고백은 곧 향기와 같습니다."

나는 "그런 향기는 어떻게 얻을 수 있나요?"

몰약 나무는 "사랑이 아니고서는 그런 향기가 나올 수 없습니다. 주님을 사모하는 마음에서 향기가 나옵니다."

나는 "주님께 마음의 향기를 드려야 하기 때문에 형제에게 원망들을 만한 일이 있으면 먼저 형제와 화목하고 난 후에 제물을 드리라고 했나요?" (마5:23).

몰약 나무는 "주님이 받으시는 예물은 향기로운 믿음입니다. 믿음은 자랑의 대상이 아니라 실천해야 합니다. 어떤 자는 믿노라 하면서 독선과 아집으로 똘똘 뭉쳐 있는 자가 있습니다. 그것은 악취만 풍길 뿐입니다."

나는 "아! 그래서 성경에 형제를 사랑하지 않는 자마다 사망에 거하고 형제를 미워하는 자마다 살인하는 자라는 구절이 있군요 (요일3:15). 형제를 미워하는 것은 악취이군요."

몰약 나무는 "그렇습니다. 우리가 향기 나는 기도를 하려면 이웃을 살펴보아야 합니다. 주님의 계명을 통한 깨달음이 점점 무르익어 순종으로 이어지는 것입니다. 향기는 주님의 인자하신 성품을 닮아가는 것입니다."

나는 "그러면 세상을 살아가는 자들은 한 가지 향료를 다 가지고 있는 건가요?"

몰약나무는 "하하! 그렇습니다. 내 말을 곧바로 이해하시는군요. 누구에게나 향료가 있습니다. 어떤 이의 향료는 이웃을 치료하고 섬기는 것입니다. 그 섬김이 더욱 승화하여 주님의 사랑을 드러냅니다."

나는 "향료는 섬김이라고 하셨는데요. 섬김에 대해 물어보고 싶은 것이 있습니다. 하나님과 재물을 동시에 섬길 수 없다고 들었습니다." (마6:24).

몰약 나무는 "네, 그 말씀은 두 주인은 서로 상반되는 두 개의 명령입니다. 두 주인이란 하나님과 재물, 빛과 어두움, 선과 악을 말합니다. 한 사람이 두 가지를 동시에 섬길 수 없다는 의미입니다."

나는 "왜 그렇지요? 그런데 왜 사람들은 재물을 축복으로 여기면서 하나님을 섬긴다고 말을 할까요?"

몰약 나무는 "사람들은 두 주인을 섬겨 보려고 시도합니다. 재물은 사람만 기쁘게 할 뿐입니다. 둘은 서로 하나될 수 없습니다. 어느 한쪽을 사랑하면 다른 쪽은 당연히 미워하게 됩니다."

나는 "그러면 어떻게 해야 되지요?"

몰약 나무는 "만일 하나님을 주인으로 섬기고 재물을 종으로 여긴다면 하나님과 재물이 모순되지 않습니다. 왜냐하면 주님께서 세상의 재물로 친구를 사귀라고 하셨기 때문입니다." (눅16:9).

나는 "아! 하나님과 재물 사이에 우물쭈물 하다가는 큰 일이 생기겠군요."

몰약 나무는 "네, 둘 다 섬기는 것은 빛과 어두움, 천국과 지옥을 하나 되게 하려는 심보입니다."

나는 "알겠습니다. 우리가 섬겨야할 분은 하나님뿐이십니다. 우리의 향기를 주님을 섬기는데 모두 쏟아야 되겠습니다."

몰약 나무는 "사도바울은 주님을 섬기는데 있어서 죽음도 유익하다는 말을 했습니다. 주님의 십자가의 죽으심은 우리에게 주님의 향기를 드러내신 것입니다."

나는 "아! 우리의 삶과 죽음을 통해서 향기를 드러내야 되겠군요?그래서 장사지낼 때 몰약을 바르는 예식을 하나봅니다."

몰약 나무는 "우리는 세상에서 죽음을 향기롭게 마무리해야 합니다. 아무리 떠들썩하게 장례를 치른다고 해도 향기 나는 죽음이 아니라면 무슨 소용이 있나요? 의인은 멸시를 당하면서 쓸쓸하게 죽음을 맞이하지만 향기를 내뿜으면서 죽음을 이루는 것입니다."

나는 "그런 이들 중에는 누가 있나요?"

몰약 나무는 "성 프랜시스, 손양원 목사, 도산 안창호, 이공선생, 이용도목사 등 숫자로 헤아릴 수 없지요."

나는 몰약은 이웃을 위로하며 보호할 뿐 아니라 그 향기는 주님께 드리는 기도와 같다는 말에 감명을 받았다. 그리고 기도에 대해 다시금 생각했다. 기도는 무엇인가? 내가 아는 기도는 주님께 악을 저항할 힘과 선을 행하고자 하는 소원을 구하는 것이다. 주님의 뜻을 구하는 작업이다. 주님을 떠나서는 아무 것도 할 수 없기 때문이다(요15:5).

기도 속에는 고백이 있으며 고백은 자신이 비참한 죄인임을 인정하는 것이다. 주님이 자신을 검토하는 눈을 주셨고 그것 때문에 슬퍼하고 악을 떠나려는 마음을 주셔서 새 삶을 시작하는 힘을 주셨다.

우리가 선한 의도를 가지고 악을 이기려고 한다면 주님의 능력을 구해야 한다. 그분에게는 전능하심과 자비가 있다.

과일나무가 익어갈수록 과즙이 더 향기가 있듯이 선한 사람들은 시련을 통한 아픔을 느낄수록 더 선하게 된다. 설익은 신포도는 신맛을 함유하고 있어서 신경을 자극하여 혼란스런 느낌을 가져온다. 그러나 잘 익은 포도는 매우 달고 아주 향기롭다.

몰약 나무와 헤어지고

향나무를 만나다

나는 짙푸른 색깔의 향나무를 보았다. 향나무는 잔가지와 잎새가 서로 얽혀 있다. 보통 향나무는 값비싼 고급가구용으로 쓰인다.

향나무는 우리나라에 처음 향 피우는 풍습이 들어온 것은 6세기 초 중국의 양나라를 통해서였다. 삼국유사에 보면 양나라 사신이 향을 가지고 왔는데, 묵호자가 말하기를 "이것은 향이란 것입니다. 태우면 강한 향기가 나는데, 신성한 곳까지 두루 미칩니다. 원하는 바를 빌면 반드시 영험이 있을 것입니다"라고 했다.

나는 향나무에게 다가가서 말했다. "나는 마음의 세계에서 진리를 구하고 있습니다. 당신에 대해 말씀해 주시기를 부탁드립니다.”

향나무는 “고대인들은 신전을 지을 때 향내 나는 목재를 사용하였습니다. 그래서 우리를 ‘봉헌나무’로 부르기도 합니다.”

나는 “마음의 세계에서 당신은 무엇을 의미하나요?”

향나무는 “우리들의 작은 가지는 서로 얽혀 있습니다. 이는 속마음과 겉마음이 하나 되는 것을 의미합니다. 다시 말해서 하나님의 사랑을 아우르는 깨달음을 의미합니다.”

나는 “깨달음이라면 진리에 대한 깨달음인가요?”

향나무는 “네, 우리는 선한 삶에서 우러나오는 진리의 깨달음을 의미합니다. 주님의 은혜를 받는 인식 작용입니다.”

나는 “요한계시록에는 바벨론 상인들이 사고파는 물건에 대해 향나무와 상아그릇이 같이 나오는데 무슨 의미이지요?” (계18:12).

향나무는 “향나무와 상아 그릇의 의미는 자연적인 선과 진리를 의미합니다.”

나는 “향나무는 자연적 선을 의미하고 상아그릇은 자연적 진리를 의미하나요?”

향나무는 “그렇습니다. 상아는 코끼리의 이빨로 입으로 들어가는 음식물의 문지기 역할을 합니다. 이빨은 음식물을 잘게 부수고 돌덩이 같은 것을 골라내는 역할을 하지요."

나는 "무슨 의미이지요?'

향나무는 "네, 그것은 음식물을 소화하듯이 일상적인 삶 속에서 진리 검토 작업을 의미합니다."

나는 "아! 그렇군요. 그러면 깨달음이란 무엇을 말하는 것입니까?'

향나무는 "사람이 현실 속에 살면서 깨달음을 얻을 경우에 사람은 그 원리를 이해한 만큼 순종합니다. 그러므로 원리 속에 있는 높고 심오한 지식으로 발전해나가야 하는 것입니다."

나는 "그렇다면 진리의 깨달음을 얻으려면 높은 원리에 순종해야 하는 것이군요."

향나무는 "그렇습니다. 주님이 말씀하시는 깨달음은 지적인 이해만을 말하는 것이 아닙니다. 깨달음은 진리를 마음에 받아들일 뿐 아니라 순종하는 것을 말합니다."

나는 "그러면 깨닫지 못하는 마음은 어떤 마음입니까?'

향나무는 "주님께서 깨달음이 없는 마음에 대해 이런 비유를 하셨습니다. 씨를 뿌리는데 길바닥에 떨어져 새들이 쪼아 먹었다! 주님은 길바닥과 같은 마음은 진리가 뿌려졌지만 깨닫지 못하는 마음이라고 하셨습니다." (마13:4).

나는 "무슨 의미이지요? 새는 무엇을 뜻하나요?"

향나무는 "길가와 같은 단단해진 마음은 깨닫지 못하는 마음 밭입니다. 새는 갖가지 조잡스런 생각들입니다. 그러니까 깨닫고자 한다면 생각을 바로 해야 합니다."

나는 "그렇다면 어떻게 하면 마음 밭에 진리를 심을 수 있나요?"

향나무는 "마음 밭에 선이 있다면 진리를 받아들입니다."

나는 "아! 선은 진리의 씨를 받아들이는 바탕이 되는군요?"

향나무는 "그렇습니다. 길이 단단하게 다져지면 씨가 흙속에 묻히기가 어렵습니다. 그런 마음은 고집과 완악함으로 마음이 다져진 것입니다."

나는 "왜 그렇게 마음이 다져진 것일까요?"

향나무는 "사람은 누구든지 어려서 선한 마음을 갖고 태어납니다. 그러나 살아가면서 중요한 분들로부터 상처를 받았거나 제대로 돌봄을 받지 못했거나 올바른 삶의 교육을 받지 못했다면 마음이 왜곡되게 됩니다. 그러면 마음이 고집스럽게 되어 진리를 받아들이지 않게 됩니다. 이런 경우를 두고 새들이 씨를 쪼아 먹었다고 말을 하는 것입니다."

나는 "아! 새요. 새는 무엇입니까?"

향나무는 "주님께서는 악한 자들이 빼앗아가는 것이라고 말씀하셨습니다."

나는 "악한 자라면?"

향나무는 "악한 생각을 두고 하신 말씀입니다. 악한 생각이 그나마 마음에 뿌려진 진리를 빼앗아 갑니다."

나는 "그런데 악한 생각이 왜 들어오지요?"

향나무는 "하하! 세상의 쾌락에 젖어 있으면 악한 생각이 들어옵니다. 이런 자들은 불면증에 시달리면서까지 악한 생각에 몰두합니다. 그리고 그동안 받은 진리를 모두 소멸하게 됩니다. 그래서 결국 하나님을 잊어버립니다. 세상의 헛된 철학이나 사상이 마치 인생의 대단한 나침반이나 되는 것처럼 여길 때 결국 새들이 진리를 쪼아 먹게 됩니다."

나는 향나무로부터 진리의 깨달음을 배웠다. 공자는 진리의 깨달음을 도(道)라고 하였다. 공자에게 도는 인간으로서 마땅히 걸어가야 할 길이다. 사람에게는 마땅히 걸어야 할 사람의 길이 있다. 인간이 행해야 할 길이 곧 도이다. 그래서 공자는 이렇게 말했다. '아침에 도를 들으면 저녁에 죽어도 좋다.'

사람이 아침에 진리를 깨달으면 저녁에 죽어도 한이 없다는 것이다. 이 말은 공자의 구도자로써 열정과 기백을 나타낸 말이다.

고로 인생의 근본은 길이요 진리이다. 진리의 깨달음은 아침빛과 같다. 주님은 인간에게 어두운 상태에 있을 때 밤에 비추는 불기둥처럼 깨달음을 주신다. 불기둥은 선의 깨달음이다. 낮의 구름기둥은 진리의 깨달음을 의미한다. 주님은 인간의 형편에 맞게 깨달음을 조절하신다는 의미이다. 즉 인간이 어둠 가운데 있을 때는 선의 깨달음이 필요하고 밝은 대낮에는 진리의 깨달음이 필요하다는 말이다.

주님께서 인간에게 깨달음을 주시는 이유는 인간들이 무엇을 이해해야 하는지를 알도록 하기 위함이다.

주님께서 인간에게 빛을 주심은 인간을 천국으로 들어올리기 위해서이다. 주님이 주시는 선의 깨달음은 속사람을 비추고, 진리의 깨달음은 겉사람을 비춘다. 겉사람에서 속사람의 빛의 진전은 진리에서 선으로 진전하는 것과 같다. 이는 저녁에서 아침으로 밝아진다는 원리이다.

깨달음은 인간이 깨달은 대로 행하고자 할 때 위로부터 주신다. 깨달음에는 두 종류가 있는데, 선에 의한 깨달음과 진리에 의한 깨달음이다.

선에 의한 깨달음은 주님사랑과 이웃사랑을 목표로 하는 깨달음이다. 이를 두고 선용의 깨달음이라고 한다.

그러나 반대로 악의 깨달음이 있다. 그것은 자기만족을 위한 깨달음이다. 이런 자들은 욕심대로 살며 자기생각을 진리라고 우겨댄다. 이들은 자기들이 완벽하다고 여기고 겸손한 사람을 무시하고 간음을 좋아하고 남의 말을 경멸하며 자기가 우수한 두뇌를 가지고 있다고 여긴다. 이들은 어둡고 허망한 자들이며 머리가 하늘로 향해 있지 않고 땅으로 쳐 박아서 스스로를 지옥으로 던져 넣는 자들이다.

이들의 생각과 신념은 엄밀하게 진리의 눈으로 보면 저급한 거짓에 불과하다.

진리에 의한 깨달음은 진리를 배움으로 얻어진다. 인간이 하나님의 형상과 모양대로 만들어졌다는 것은 본래적으로 인간은 진리의 깨달음이 주어질 때 진정 행복하다는 것을 의미한다. 주님이 주시는 깨달음은 상태의 변화가 주어진다.

깨달음은 진리를 통해서 주어진다. 거짓된 교리는 욕심만을 부풀릴 뿐이다. 어떤 자는 자신들이 깨달음을 얻었노라고 주장하지만 그들이 진리 자체를 목적하는 지를 보면 진정 깨달음을 얻은 것인지를 분별할 수 있다.

그러므로 중요한 것은 깨달음의 목적이다. 깨달음은 그 목적에 따라 주어진다. 선의 목적으로 깨달음을 얻고자 한다면 지각의 눈이 뜨여지고 질서대로 살아간다. 인간이 선용을 목적하고 진리를 열망하여 찾고자 한다면 깨달음의 상태에 있게 된다.

그러므로 진정으로 깨달음을 얻고자 한다면 먼저 악이 무엇이며 악의 가르침이 무엇인지를 알아야 한다. 이는 악에 물들지 않기 위해서이다. 그리고 그다음에는 선이 무엇이며 선의 가르침이 무엇인지를 알아야 한다. 이는 선에 들어가기 위해서이다.

영성가들의 책을 읽거나 성경을 읽는다는 것은 이런 선악의 가르침을 얻기 위해서이다. 성경을 읽을 때 깨달음이 있는 것은 성경을 읽는 자들이 선과 진리를 목적하는 소원을 가졌기 때문이다. 시험은 그 목적을 분명하게 만드는 시금석이다. 그리고 시험이 끝나면 하늘의 문이 열리고 새로운 깨달음이 주어진다.

향나무와 헤어지고

신풍나무를 만나다

나는 길가에 서있는 신풍나무를 보았다. 신풍나무는 너도밤나무에 가까운 나무이며 가시가 많이 돋힌 열매를 맺는다. 이 나무는 매우 질겨서 목재와 울타리와 가구 등에 많이 쓰인다.

나는 신풍나무에게 다가가 인사했다. "나는 진리를 얻고자 마음의 세계를 여행 중입니다. 당신에 대해 말씀해 주시기를 부탁합니다."

신풍나무는 "아! 우리는 아주 오래 사는 나무입니다. 전설에 의하면 1억5천만년에 나왔다고 합니다."

나는 "아 그래요? 당신이 오래 사는 것 말고 다른 특징은 없나요?"

신풍나무는 "우리는 씨앗이 풍부합니다. 씨는 우리들의 자녀이지요. 하하!"

나는 "그러면 자녀에 대해 애정이 남다르시겠군요."

신풍나무는 "우리는 자녀를 애지중지합니다. 자녀가 위험에 처하면 어떻게 해서라도 지켜주고자 합니다."

나는 "마음의 세계에서 당신은 무엇을 의미합니까?"

신풍나무는 "우리는 자녀에 대한 의무를 상징합니다."

나는 "어떻게 자녀를 보호하지요?"

신풍나무는 "가시달린 열매를 보세요. 가시는 열매를 보호하기 위한 울타리입니다. 이렇게 가시가 많이 달려있지만 속은 아주 부드럽습니다. 마치 우리들의 가정과 같지 않나요? 세상이 아무리 거칠고 험해도 가정의 울타리 안에 있으면 모두 안전하니까요."

나는 "험한 세상에서 자녀의 울타리가 되어주는군요."

신풍나무는 "부모 자신들은 아무리 험한 세월을 살더라도 자녀만큼은 보호하고자 하는 본성이 있지요."

나는 "그렇군요. 성경에 야곱이 당신의 푸른 가지를 취하여 물먹으러 온 양떼를 향해 물구유에 세웠다고 했어요. 무슨 의미이지요?" (창20:37).

신풍나무는 "양떼가 물을 먹으러 온 것은 진리에 대한 애착을 말

합니다. 우리를 물구유에 세운 것은 변함없이 서있는 선한 원리

를 말하는 것입니다."

나는 "아! 양떼를 보호하는 목자와 같네요. 진리를 찾으러 나온

양떼를 지켜주는 보호자군요."

신풍나무는 "하하! 그렇습니다. 우리들이 물구유에 서있는 것은

양떼들이 진리를 마시도록 지켜주는 것입니다."

나는 "오늘날 그렇게 하도록 도와주는 사람들이 누가 있을까

요?"

신풍나무는 "당연히 종교지도자들이지요. 그들은 사람들이 바르

게 살도록 이끌어주고 도와주는 역할을 하는 것입니다. 세상의

빛이라고 할 수 있습니다."

나는 "그렇군요. 종교지도자들이 그런 일들을 제대로 해준다면

양들이 물가로 나와서 진리의 물을 마실 수가 있겠네요."

신풍나무는 "그렇습니다. 그러므로 그들이 삶의 모범을 보여주

어야만 합니다. 양을 지키는 목동들처럼 잠을 자지 않고 깨어서

지켜야 합니다. 그럴 때 밤중에 천사들이 기쁜 소식을 가지고 목

동에게 찾아왔잖아요."

나는 "맞습니다. 그런 지도자를 어떻게 찾을 수 있나요?"

신풍나무는 "선한 열매를 보고 찾을 수 있습니다."

나는 "지도자는 오늘날 목사와 신부들이지요?"

신풍나무는 "맞습니다. 그런데 교회 목회자를 청빙할 때 선한 열매를 맺는 지도자를 모셔야 하는데, 대형교회는 아들에게 세습하려고만 합니다. 그리고 작은 교회 목회자는 능력이 부족한 것처럼 여겨서 회피합니다. 이 시대의 양심은 도대체 어디 간 겁니까?"

나는 "저마다 잘난 듯이 화려한 강단에 서서 자기자랑에 목소리를 높이고 자기 신념을 진리인양 포장하여 외치고, 거룩한 목소리를 흉내 내기 바쁩니다."

신풍나무는 "오늘날 물가에 물을 마시러온 양떼를 지키는 신풍나무와 같은 지도자를 찾고자 한다면 먼저 수많은 연단을 겸손하게 거친 자라야 합니다. 십자가 없이 어찌 부활이 있겠으며, 연단 없이 어찌 천국의 소망을 가질 수가 있겠습니까?"

나는 "정말로 바람이 불고 폭풍이 몰아치고 비바람이 불어오는 거센 시험의 환란은 말로만 들어도 너무 힘이 듭니다. 선을 지켜주는 당신 같은 분이 언제나 곁에 있어주면 좋을 것 같네요. 우리 가정에 당신이 서 계시면 좋을 것 같습니다."

신풍나무는 "그러려면 먼저 진리의 강물을 찾고자 하는 마음을 가져야 합니다."

나는 "그러면 교회는 물가에 신풍나무를 세워 양떼를 모으는 곳인가요?"

신풍나무는 "맞아요! 교회는 언제나 선한 원리가 존재해야 하고 진리의 강물을 마시도록 도와주어야 합니다. 신풍나무는 그것을 지켜주는 울타리가 되는 것입니다. 독단과 아집의 가시나무를 세워놓으면 양떼는 흩어지고 늑대와 여우의 소굴로 전락합니다. 만일 그렇게 된다면 어떻게 될까요?"

나는 "의미심장한 말입니다. 푸른 신풍나무를 세워 양떼를 모으자! 우리의 표어가 되어야 하겠습니다."

오늘날 신풍나무와 같은 목회자가 누가 있겠는가? 나는 스스로 생각해 보았다. 누군가 내게 오늘날 목회자들이 흔히 범하는 착각을 몇 가지 얘기해 주었다. 첫째는 자기가 설교 잘해서 교회가 성장하는 줄 안다. 둘째, 자기가 훌륭해서 교인들이 교회에 충성하는 줄 안다. 셋째, 교회를 떠나는 교인은 자신의 문제가 많아서 떠나는 줄 안다. 넷째, 자기 의견에 반대하는 교인은 생각이 모자란 줄 안다. 다섯째, 큰 교회 목사는 무언가 비정상적인 방법을 썼을 것이라고 생각 한다. 여섯번째, 교인들은 시간이 지나면 신앙이 저절로 자랄 것이라고 생각 한다.

물론 위와 같은 말이 맞는 말은 아니다. 그러나 조금 더 생각해볼 여지는 있다. 나는 목사는 특별의식을 가지지 않아야 한다고 말하고 싶다. 자신이 특별하다는 인식을 갖게 된다면 교만해져서 모든 일을 자신이 통제하려고만 하기 때문이다. 그러나 자신은 죄인이며 아무 것도 아니라는 인식이 있으면 언제나 낮은 자리에 들어갈 수 있고 겸손한 마음으로 주님을 섬길 수 있다.

그럴 때 진정한 신풍나무가 될 수 있으리라고 여겨진다. 어거스틴의 말대로 첫째도 겸손, 둘째도 겸손, 셋째도 겸손이다.

내가 경험한 바로는 주님 사랑을 소중히 여기는 사람은 믿음 제일주의로 살아가는 자들보다 훨씬 겸손하다는 사실이다. 그들이 기도할 때 무릎을 꿇는 것은 무릎을 꿇을 때 마음속에서 올라오는 겸손한 영을 느끼기 때문이다.

신풍나무와 헤어지고

잣나무를 만나다

나는 잣나무를 보았다. 잣나무는 둥근 밑 등우리에서 점점 가늘어지면서 수직으로 높게 뻗어 오르고 20미터까지 솟아오른다. 잎 새는 잔가지에 바짝 달라붙어서 떼어내기 힘들 정도이고 방울 열매가 열린다. 나는 높이 솟은 잣나무에게 다가가서 말을 걸었다.

"나는 마음의 세계에 다니면서 진리를 구하고 있습니다. 당신에 대해 알려주시기를 바랍니다."

잣나무는 "우리는 줄기와 잎 새와 가지가 하늘을 향해 있기 때문에 영생을 상징합니다. 우리는 죽음을 넘어서서 부활과 영생에 이르는 지식을 말합니다."

나는 "아! 마음의 세계에서 당신은 영생의 지식을 말하는군요. 그러면 잣나무를 교회 문턱에 깔아야 하겠군요."

잣나무는 "교회 마당에 우리와 같은 영생의 지식이 깔려 있으면 불신과 독단, 이기심과 거짓을 물리칠 수 있습니다. 요한 사도가 말한 대로 아멘 주여 어서 오시옵소서라고 고백할 수 있게 됩니다."

나는 "영생을 얻으려면 세속의 것을 버려야 하지요? 이 죄악된 세상에서 어떻게 해야 영생을 얻을 수 있을까요?"

잣나무는 "주님께서 모세가 광야에서 뱀을 들어 올렸듯이 인자를 들어 올려야 한다고 하셨어요."

나는 "인자를 들어 올린다고요? 무슨 의미이지요?"

잣나무는 "과거 이스라엘 민족들은 욕심의 자만이라는 불뱀(민 21:6)에 물린 자들이 놋 뱀을 쳐다보면서 뱀의 독에서 해독되었습니다. 마찬가지로 주님을 높여야만 멸망하지 않고 영생을 얻게 되는 것입니다."

나는 "주님께서 올려야 하는 이유는 무엇인가요?"

잣나무는 "그분을 믿기 위해서입니다. 그렇게 될 때 멸망하지 않고 영원히 지속되는 생명을 얻기 때문입니다. 주님께서 내가 이

세상을 떠나 높이 들리게 될 때에는 모든 사람을 이끌어 내게로 오게 할 것이라고 하셨습니다."(요.12:32).

나는 "주님에게는 그런 권능이 있나요?"

잣나무는 "네, 그분은 자신의 인성을 십자가의 죽음에서 부활하심으로 들어 올리셨습니다. 주님께서는 인간을 그분에게로 끌어당기시는 것입니다."

나는 "주님을 믿으면 그분께로 갈 수 있나요?"

잣나무는 "그렇습니다. 주님을 구세주로 믿는 것은 구원하시는 권능이 우리에게 실행되는 것입니다. 우리는 믿음 때문에 구원되는 게 아니라 믿음을 통해 구원됩니다."

나는 "믿음을 통한다는 말은 무슨 뜻이지요?"

잣나무는 "구원은 믿음에 따른 보상이 아니라 믿음의 열매입니다. 그러기 때문에 구원은 모든 이에게 자유롭게 제공될 수 있는 것입니다. 믿는 자는 누구든지 영원히 지속되는 생명의 열매를 가집니다. 이것을 아는 것이 영생의 지식입니다."

나는 "마음의 세계에서 잣나무는 영생의 지식을 의미한다고 하였지요? 그렇다면 그분에 대한 믿음을 통해서 구원의 열매를 얻어야 하겠습니다."

잣나무는 "네, 그렇습니다. 사람이 구원의 열매를 얻지 못하는 것은 생명을 얻기 위해 그분께 믿음을 가지고 오지 않은 이유입니다."

구원이 하나의 열매라고 한다면 무엇을 해야 진정한 구원의 열매를 맺을 수 있을까? 열매를 맺기 위해서는 진리의 씨를 마음에 심어 잘 가꾸어야 한다. 그럴 때 마음은 계속해서 열매를 맺을 것이다.

그것은 진리가 가르치는 것을 행하고, 악을 행하기를 중단하고 선을 행하는 것이다. 또한 주님을 사랑하고 이웃을 사랑하는 삶이 현실적으로 구체화되어 사소한 삶속에 스며들어야 한다.

땅이 좋냐? 나쁘냐? 는 그 땅에서 무엇이 생산되느냐에 있다. 그 열매는 거듭남을 통해서 맺어진다. 거듭남의 증거는 우리가 실제 삶속에 진리의 믿음을 가지고 선용하여 열매를 맺는데 있다.

성경은 "열매를 보면 그 나무를 안다.", "가시덤불에서 포도를 딸 수 있으며, 엉겅퀴에서 무화과를 거둘 수 있겠느냐?'고 말했다.

나는 "하나님은 이 세상을 사랑하셔서 그를 믿는 사람은 영원한 생명을 얻게 하여 주신다고 했습니다."

잣나무는 "하나님의 사랑은 인간 구원의 근원입니다. 그래서 구원을 이루는 사람은 언제나 주님께 사랑의 빚을 지고 있는 셈입니다."

나는 "어떻게 하나님의 사랑을 알 수 있을까요?"

잣나무는 "하나님의 자비는 불변하고 영원합니다. 그분은 어제도 오늘도 영원히 똑같으십니다. 그분이 바뀌시지 않는 한 우리는 소멸되지 않을 것입니다. 그분이 인간을 불쌍히 여기심은 여전히 계속됩니다. 그렇지 않다면 어떻게 우리가 구원의 희망을 가질 수 있습니까?"

나는 "당신은 영생에 관한 참된 지식을 갖고 계시는군요. 한 가지 물어 보겠습니다. 하나님의 아들이라고 했는데 그 의미가 무엇인가요? 부모와 자식 관계인가요?"

잣나무는 "아들이란 용어는 신성한 인성을 말합니다. 부모 자녀 관계 용어가 아닙니다. 자칫 잘못하면 육체적으로 이해하게 됩니다. 하나님의 아들이란 하나님이 인성을 입고 오신 분을 말합니다. 그래서 아들을 가지는 자는 생명을 가졌다고 말하는 것입니다." (요한1서5:12).

나는 "네 그렇군요. 그러면 아들 안에 아버지가 계시고, 지혜안에 사랑이 있고, 인성 안에 신성이 있는 것이군요. 그렇다면 연합을 말하는 거네요?"

잣나무는 "그렇습니다."

나는 "만일 아들을 믿지 않는다면?"

잣나무는 "진리는 심판과 구원의 두 가지 기능을 합니다. 진리는 모든 사람의 상태를 드러냅니다. 진리는 인자의 입에서 나오는 날선 검과 같습니다." (계1:16).

나는 "그러면 진리가 심판하신다는 뜻인가요?"

잣나무는 "주님께서 인간을 구원하시고자 하여도 인간이 스스로 죄를 지을 경우에는 이를 예방해 줄 수는 없습니다. 그러므로 그분을 믿지 않는 사람도 이와 마찬가지입니다. 그래서 믿지 않는 사람은 죄인으로 정죄 받았다고 하는 것입니다."

나는 "아! 무섭군요. 정죄는 무엇이지요?"

잣나무는 "네, 정죄는 인간의 상태를 드러내는 것을 말합니다. 주님을 믿지 않는 자는 이미 죄가 드러난 상태에 있고 믿는 자는 구원의 상태에 있는 것을 말합니다. 그것이 하나님의 신성한 질서입니다."

진리는 믿음의 열매 없는 사람들은 이미 정죄되었다고 선포하고 있다. 나는 포도원 지기와 포도나무 농장 주인과의 대화에 주목

했다. 포도원 주인은 이렇게 말한다. "내가 이 무화과나무에서 열매를 따 볼까 하고 벌써 삼 년째나 왔으나 열매가 달린 것을 한 번도 본적이 없으니 아예 잘라 버려라. 쓸데없이 땅만 썩힐 필요가 어디 있겠느냐?"(눅13:6-9).

그러자 포도원 지기는 주인에게 이렇게 말하고 있다. "주인님, 이 나무를 금년 한 해만 더 그냥 두십시오. 그동안 제가 그 둘레를 파고 거름을 주겠습니다. 그렇게 하면 다음 철에 열매를 맺을 지도 모릅니다. 만일 그 때 가서도 열매를 맺지 못하면 베어 버리십시오."

비유 속에는 포도원 주인과 포도원 지기가 대화하는 것처럼 보이지만 사실 둘은 주님 안에서 하나이다. 즉, 사랑과 지혜의 대화이다. 주님의 섭리는 주님의 사랑이 지혜를 통해 권능으로 돌보심이다. 인간이 악한 상태에 있을 경우, 그 악은 마땅히 정죄되지만 동시에 섭리는 모든 인간을 구해 주시려 아주 말단에 이르기까지 간섭하시고 있다는 것을 말씀해 주신다.

잣나무와 헤어지고

로뎀 나무를 만나다

나는 로뎀 나무를 보았다. 로뎀 나무는 대싸리 나무 모양의 푸른 나무인데 정원수로 사랑을 받고 노간주 나무라고 부른다. 로뎀 나무는 상록수이지만 1-2미터밖에 자라지 않고 향기가 좋은 목재이기 때문에 성전건축 목재로 쓰인다.

그리스인들은 향기가 좋은 이 나무를 가지고 종교적인 의식을 위해 사용하였다.

나는 로뎀 나무에게 다가가서 말했다. "나는 진리를 찾아서 마음의 세계를 여행합니다. 당신에 대해 말씀해 주시기를 바랍니다."

로뎀 나무는 "우리는 토양과 기후가 좋은 곳에서는 아름답게 자라지만 거친 땅과 바위산, 낭떠러지 바위틈에서는 뿌리를 튼튼하게 내리고 단단하게 파고듭니다."

나는 "아! 생명력이 강하군요."

로뎀 나무는 "사람들은 나를 바닷물에 던져둡니다. 그러면 썩지 않고 바위처럼 단단해집니다. 하하!'

나는 "내구성과 조직이 치밀하군요, 주로 어디에 쓰이나요?'

로뎀 나무는 "우리는 향내가 나서 벌레가 먹지 못하고 가볍고 부드러워서 연필이나 가구의 바닥재로 쓰입니다. 우리들의 방울열매는 개똥 쥐빠귀새나 물새들의 먹이가 됩니다."

나는 "마음의 세계에서는 당신은 무엇을 의미합니까?'

로뎀 나무는 "우리는 변함없는 주님의 섭리를 의미합니다."

나는 "섭리는 무엇인가요?'

로뎀 나무는 "사람 편에서는 상처와 고난을 통해서도 변함없이 주님께서 반드시 선을 이루신다는 확신입니다. 섭리적 믿음은 온갖 역경을 맞이하더라도 확신을 가지고 항상 균형을 잃지 않는 자세를 갖게 만듭니다."

나는 "아! 그리 된다면 얼마나 좋을까요? 살면서 낙심이 될 때는 모든 것이 끝났다는 생각에 정말로 하늘이 무너지는 듯한 고통으로 절망하게 됩니다."

로템 나무는 "주님의 섭리를 의심하시나요? 주님은 인자하신 분으로 그분의 질서를 따라 살고자 하는 자를 반드시 도와주십니다."

나는 "네, 절대로 믿고 싶습니다. 그런데 주님의 섭리를 어떻게 알 수 있나요?"

로템 나무는 "사람의 마음은 지혜를 담는 그릇과 같습니다. 그 속에는 하늘과 땅의 우주적 지혜가 가득합니다. 사람들은 자신 안에 담겨진 지혜로 사물을 이해합니다."

나는 "지혜로 주님의 섭리를 인식하나요? 지혜가 없다면 어떻게 되나요?"

로템 나무는 "만일 사람에게 영원한 나라의 지혜가 없다면 곧 죽음을 맞이합니다. 주님은 지혜로써 사람을 다스리고 섭리하십니다."

나는 "그렇다면 지혜가 다양 하겠네요"

로템 나무는 "그렇습니다. 지혜는 지상의 동식물과 꽃들의 색깔과 모양만큼 다양합니다."

나는 "그런데 사람들은 자신이 지혜가 있는 줄 착각합니다."

로뎀 나무는 "지혜의 근본은 하나님이십니다. 사람마다 지혜가 다르기 때문에 진리를 이해하는 규모가 다릅니다."

나는 "네 그렇군요."

로뎀 나무는 "그래서 변질되고 왜곡된 거짓을 지혜라고 믿는 자들이 있는 것입니다."

나는 "왜 그럴까요?"

로뎀 나무는 "주님께서 지혜를 공급하시지만 이기적 욕심으로 받아들인다면 결국 변질된 신념을 발산하게 됩니다. 그 속에는 순진무구가 없고 욕심이 가득하기 때문입니다."

나는 "그러면 어떻게 해야 지혜를 가질 수 있을까요?"

로뎀나무는 "주님의 섭리를 아는 지혜는 선을 선택해야 합니다."

나는 "섭리는 사람으로 하여금 선하게 되는 건가요?"

로뎀 나무는 "그렇습니다. 주님은 사람이 선을 목적할 때 주님의 형상을 닮아가도록 이끄십니다. 만일 사람이 악을 가진다면 주님의 형상을 깨뜨리기 때문입니다."

나는 "네, 주님의 섭리를 따르려면 어떻게 해야 되지요?"

로뎀 나무는 "먼저 주님을 사랑해야 합니다(롬8:28). 주님을 따르고자 하는 의도를 가져야 합니다. 사람이 입으로는 천국에 있다고 말을 하지만 진정 의도는 지옥 깊은 곳에 있을 수 있습니다."

나는 "내 자신이 주님을 사랑하는 지를 어떻게 알 수 있지요?"

로뎀 나무는 "하하! 알 수 있습니다. 사람에게는 이성적 능력이 있습니다. 이성이 좀 더 지혜롭게 된다면 자신이 무엇을 사랑하고 있는지를 내려다 볼 수 있습니다. 이성의 눈동자로 자신이 진정으로 주님을 사랑하는 지를 찾아야 합니다."

나는 "주님을 사랑한다면 어떻게 되지요?"

로뎀 나무는 "네, 그에 걸 맞는 지혜가 주어집니다."

나는 "주님을 사랑하고 지혜가 주어지면 악에서 점점 멀어지겠군요."

로뎀 나무는 "그렇습니다. 사후에 사람은 선 아니면 악 안에 있어야 합니다. 둘은 섞일 수 없습니다. 그러므로 서로 상반되는 것은 싸워야 합니다."

나는 "아! 그게 힘들어요."

로뎀 나무는 "우리를 보세요. 바닷가 풍랑과 비바람을 만나지만 벼랑 끝에 뿌리고 견고하게 서 있잖아요? 그로인해 오히려 강한 인내심을 갖게 되었어요."

나는 "네, 그런 모습이 마치 파수꾼 같습니다."

로뎀 나무는 "주님의 섭리에 대한 확고한 믿음은 이세상과 저세상을 분리된 것으로 보지 않고 일치된 나라로 보는 것입니다. 두 나라에 대한 연결된 지식이 온전한 진리의 지식이라고 볼 수 있습니다."

나는 "만일 이 세상에만 집착하거나 저세상만을 고집한다면 어떻게 되지요?"

로뎀 나무는 "음, 그러면 결국 독단의 올무에 매이게 될 것입니다."

삶에서 오는 시련은 하나님의 섭리의 눈으로 보아야 한다. 시련은 당시에는 고통스럽고 아프지만 오히려 시련을 통해서 마음속의 가시덤불이 성장하는 것을 억제하게 해준다.

신앙인이라면 주님의 섭리를 믿는다. 나도 주님의 섭리를 믿어왔다. 그러나 절박한 현실 속에서 버려진 느낌과 황량한 벌판에 서있는 고독감과 허전함의 상태에서 섭리를 믿기란 여간 어려운 일이 아니다. 당시에는 곧바로 무슨 일이든 저지를 것만 같았다. 나는 골방에서 곰곰이 자신을 살펴보고 돌이켜 지난날의 여정을 돌이켜볼 때 문득 주님의 인도가 아니고서는 여기까지도 올 수 없는 생각이 들었다. 순간 나는 자신이 처량하다는 느낌과 함께 주님의 은혜가 소중하다는 생각이 들면서 눈물이 왈칵 쏟아졌다. 절박한 상황에서 지푸라기라도 잡아야 하는 내게 주님의 섭리는 마지막 보루였다.

나는 곧 섭리에 매달리게 되었다. 그리고 시간이 지나면서 섭리의 신앙으로 깊이 깨달은 것은 주님께서 반드시 이 어려운 문제와 악령의 침입 속에서도 합력하여 선을 이루신다는 실낱같은 희망을 붙잡기 시작했다. 그리고 덤으로 얻은 지식은 내 자신이 너무도 부족하고 무익하다는 사실을 알게 되었다. 주님은 내가 스스로 낮아지고 겸손한 것을 원하셨다. 그리고 더 깨지고 낮아지게끔 하신다는 생각이 들었다.

천국은 낮아지면 높아지고, 섬기면 큰 자가 되는 원리에 의해 가동되는 나라이다.

섭리의 신앙으로 얻은 이런 지식은 하늘 문이 열린 것처럼 내게 크나큰 희망을 주었다. 나는 주위 사람들을 불러서 '주님의 섭리론'을 가지고 공개강좌를 하였다. 섭리론은 거의 1년간 수업을 하였다. 이유는 단 하나였다. 내 자신의 영혼 속에 주님의 섭리를 더 배우고 속 깊이 채우기 원해서였다. 나는 섭리론을 접할수록 상처와 아픔에서 서서히 벗어나는 느낌을 받았으며 천국의 소망을 갖게 되었으며 주어진 현실 속에서 자족하는 비결을 배우기 시작하였다.

나는 섭리를 배우면서 주님께서는 우리를 영원을 향해 나가도록 인도하신다는 깨달음을 얻었다. 작은 씨에서 과일의 형체와 동물이 태어나듯이 사람도 역시 자연적인 상태에서 태어났으나 영원한 세계에서 열매를 맺도록 하시는 것이 주님의 섭리인 것이다. 고로 우리는 영원한 삶을 위해 거듭나야만 한다. 주님의 섭리는 사람이 일생을 거쳐 거듭남을 통해 영원한 세계로 나가도록 하신다.

섭리의 깨달음은 지각의 상태에 따라 주어진다. 깨달음이 없으면 어두움에서 방황하게 된다. 성경에는 네 속에 있는 빛이 어두우면 그 어둠이 얼마나 심하겠느냐고 했다. 인간은 진리의 깨달음을 통해 삶의 교훈을 얻기 때문이다. 진리의 교훈을 받으면 선을 기뻐하는 성향이 생긴다. 선과 진리에 대한 기쁨이 있다면 부드럽고 온화하며 인애와 자비가 생긴다. 아! 나는 여전히 주님의 섭리를 기대한다.

로뎀 나무와 헤어지고

장미꽃나무를 만나다

나는 다양한 모양과 색깔과 향기를 보여주는 장미를 보았다. 장미는 헤아릴 수 없을 정도로 다양하고 아름다운 꽃을 피어내고 그 아름다움은 단연 꽃 중의 꽃이라고 말해도 손색이 없다.

장미는 젊은이의 우애와 달콤한 사랑과 겸손하고 은근한 존경심을 드러내고 있다. 그러기에 장미는 완성, 성취의 상징이며 에로스의 동산, 단테의 낙원, 연인, 비너스의 표상이다.

나는 장미꽃나무에게 다가가서 말했다. "나는 마음의 세계를 다니면서 진리를 구하고 있습니다. 당신에 대해 말씀해 주시기를 바랍니다."

장미는 "무엇이 알고 싶으신가요?"

나는 "마음의 세계에서 열매 맺는 나무와 꽃나무는 무엇이 다른 가요?"

장미는 "열매 맺는 나무들은 삶에서 적용된 지혜를 말하지만 꽃나무들은 깨달음을 의미합니다. 꽃피는 나무들은 과일나무와 모양이 닮았지만 열매를 맺지 못합니다. 단지 우리는 꽃과 향기로 만족합니다."

나는 "마음의 세계에서 꽃이 핀다는 것은 무엇을 말하나요?"

장미는 "꽃이 핀다는 것은 거듭나기 전에 진리의 지식이 활동하는 상태입니다."

나는 "그렇군요. 그러면 꽃들은 무엇을 말하나요?"

장미는 "꽃은 선을 의미합니다."

나는 "아! 선에서 비롯되어 진리의 꽃이 만개하는군요?"

장미는 "그렇습니다. 꽃들마다 분위기가 다릅니다."

나는 "열매와 꽃은 무엇이 다른가요?"

장미는 "열매는 진리의 적용을 의미하지만 꽃은 인식, 사고, 깨달음, 지성을 의미합니다."

나는 "구체적으로 설명해 주세요."

장미는 "예를 들어 어린이들은 놀이를 통해서 삶의 이야기를 하거나 선악에 관계된 연습을 합니다. 놀이를 통한 슬기로움은 마치 꽃이 피는 것과 같다고 말할 수 있습니다."

나는 "아이들에게 삶은 놀이군요?"

장미는 "아이들은 놀이를 통해서 배웁니다."

나는 "아! 그래서 아이들이 놀이를 즐기는 군요."

장미는 "아이들에게 놀이는 하나의 인생입니다. 그들은 놀이의 결과를 예측하지는 못하지만 영웅적인 것과 희생정신, 덕목, 겸손과 인내를 배웁니다."

나는 "배우고 나면?"

장미는 "배움이 하나하나 자라면 꽃의 향기와 아름다움처럼 깨달음이 주어집니다."

나는 "꽃은 해마다 피어납니다."

장미는 "그것은 어린이들의 슬기가 점점 커져 가는 것을 의미합니다. 꽃망울은 인자하고 겸손하고 우아하고 소망스럽고 감사하고 즐거운 깨달음의 기쁨입니다."

나는 "꽃도 다양한 종류가 있고 꽃말이 있지요?"

장미는 "보라색 제비꽃은 겸양의 아름다움, 데이지 꽃은 수줍은 기쁨, 백합꽃은 은근한 소망을 말합니다. 이런 깨달음은 시인이 담아내고 있지요."

나는 "주님께서 들에 핀 백합을 보라고 하셨습니다."(마6:28-29).

장미는 "주님께서 그 말씀을 하신 것은 하나의 꽃을 의미하기보다는 여러 가지 꽃을 말씀하신 것으로 압니다. 왜냐하면 팔레스타인에는 백합이 없거든요."

나는 "주님께서 왜 들에 핀 꽃을 왜 말씀하셨을까요?"

장미는 "꽃은 진리의 지각을 의미합니다. 아름다운 진리의 지각은 위에서 내려주심을 말씀하신 것입니다."

나는 "위로부터 주어진 것이라고요?"

장미는 "네, 들의 백합은 수고도 않고 길쌈도 하지 않는다고 말씀하셨습니다."

나는 "수고도 길쌈도 안한다는 말은 무엇인가요?"

장미는 "수고는 연구하고 배워서 알게 된 수준이고, 길쌈은 사실을 가지고 추론해서 나온 견해를 말합니다. 결국 지각은 지식을 축적하고 추론해서 얻어진 것이 아니고 주님께서 주신 것임을 의미합니다."

나는 "자연이 주는 아름다움이 크지요."

장미는 "그렇습니다. 아무리 조각가가 작품을 만든다 할지라도 자연적인 것만 못합니다. 자연적으로 성장한 꽃과 예술가의 그림과는 비교할 수가 없습니다. 사람이 만든 옷감도 정교하지만 그보다 나뭇잎의 섬유조직은 셀 수 없는 정교한 배열로 이루어져 있습니다."

나는 "옷과 나뭇잎은 만져만 보아도 촉감이 다릅니다."

장미는 "온갖 영화를 누린 솔로몬도 이 꽃 하나 만큼 화려하지 못하였다고 했습니다. 왜냐하면 장인이 만든 어떤 화려한 옷도 전능자의 손이 지어낸 본질적인 아름다움과 사랑스러움에 필적할 수 없다는 뜻입니다."

나는 "왜 솔로몬 왕을 말했나요?"

장미는 "솔로몬 왕은 진리를 원리로 삼는 상태를 의미합니다. 그러니까 옷이란 진리의 지식 즉 이해된 진리를 의미합니다."

나는 "옷과 백합이 비교할 수 없다는 것은 무엇이지요?"

장미는 "그만큼 진리의 상태가 수준 차이가 있다는 것을 말합니다. 그런 차이는 왕의 화려한 도포와 꽃의 섬세함의 차이와 같습니다."

나는 "주님께서는 백합을 말하신 후에 풀을 말씀하셨습니다. 오늘 있다가 내일 아궁이에 던져질 들풀도 하나님께서 이처럼 입

히시거든 하물며 너희야 얼마나 더 잘 입히시겠느냐?'

장미는 "들풀은 하늘의 지혜를 지각하는 것입니다. 그런데 풀이 오늘 있다가 내일 아궁이에 던져진다고 말씀하셨습니다."

나는 "무슨 뜻이지요?'

장미는 "마음의 세계에서 풀이 아궁이에 들어가는 것은 사랑의 열기를 의미합니다. 아궁이의 열기를 위해 들풀이 준비되는 셈입니다."

나는 "불 때는 아궁이에 들풀이 들어간다고요?'

장미는 "네, 풀이 불 때기 위해 사용되는 것처럼 지각이 선을 살아나게 합니다. 선한 사람들은 언제나 진리를 꾸준하게 응용합니다. 그들은 사랑의 불꽃을 피울 목적으로 진리를 사용합니다. 들풀처럼 진리를 아궁이에 넣습니다."

나는 "주님께서 그 말씀을 하시고 난 후에 하물며 너희야 얼마나 더 잘 입히시겠느냐고 하셨어요."

장미는 "두가지 의미가 있습니다. 첫째는 이방인이 추구하는 자연적 마음상태를 갖지 말라는 의미이고 둘째는 아버지께서는 너희에게 필요한 것을 잘 알고 계신다는 섭리적 돌봄을 의지하라는 말씀입니다."

나는 "그래서 내일 걱정은 내일 맡기라고 하셨나요?"

장미는 "걱정은 주님의 섭리를 신뢰하지 못하는 것입니다. 걱정이 있다면 섭리의 흐름에 자신을 얹어놓아야 합니다. 영원한 목적을 눈앞에 그리면서 선을 위해 살아간다면 미처 예상하지 못했던 축복으로 채워주실 것입니다."

나는 "그래서 백합화를 보라고 하셨군요."

장미는 "마음의 꽃은 주님의 말씀을 기쁨으로 받아들이는 아름다운 깨달음입니다."

나는 "성경에 사막의 장미꽃같이 즐거워한다고 했습니다. 무슨 의미이지요?" (사35:1).

장미는 "이방인들이 계몽됨을 의미합니다. 광야와 메마른 장소는 진리의 무지상태를 말합니다. 그런데 진리의 가르침으로 꽃이 핍니다. 이방인에게 구원의 기쁨이 나타났습니다."

나는 "내게도 그렇게 되기를 바랍니다."

장미는 "세상의 갖가지 시련과 고난을 극복하는 모델이고 나그네의 위로와 소망이 되는 말씀입니다."

장미 꽃나무와 헤어지고

제2부

곡식

밀을 만나다

밀을 보았다. 밀가루는 사람들이 가장 많이 찾는 곡식이다. 나일

강가의 골짜기는 밀의 곡창 지역으로 기근이 심할 때 각국에 양

식을 공급하던 곳이다(창41:22).

밀은 영양가가 풍부한 곡식으로 고대로부터 세계적인 식품으로

쓰이고 있다.

나는 밀에게 다가가서 인사를 하고는 "나는 마음의 세계를 다니

며 진리를 구하고 있습니다. 당신에 대해 말씀해 주시기를 바랍

니다."

밀은 "무엇이 알고 싶습니까?"

나는 "마음의 세계에서 당신은 무엇을 의미합니까?"

밀은 "우리는 섬김을 상징합니다. 한 알의 밀알이 땅에 떨어져 썩어 많은 열매를 맺는다고 했지요? 한 알의 밀알은 주님을 섬기는 삶을 의미합니다."

나는 "주님을 섬기기 위해서는 어떻게 살아야 하나요?"

밀은 "주님을 본받아 진리를 실천하여 선을 베풀어야 합니다. 우리의 모습을 보세요. 푸른 밀은 우리가 주님을 섬기는 삶을 보여주는 색깔입니다. 여기에서 알곡으로 발전하게 됩니다."

나는 "아! 그렇군요. 그러면 밀알 속에는 무엇이 들어 있나요?"

밀은 "밀알 속에는 주님의 사랑과 지혜가 농축되어 있습니다."

나는 "사랑과 지혜가 들어 있다고요? 사랑과 지혜가 어떻게 주님을 섬기나요?"

밀은 "한 알의 밀알이 주님을 섬기기 위해서는 우선 밀알이 땅에 떨어져야 하고 그 후에는 썩어야 합니다. 그 말은 사랑의 의도와 지혜의 생각으로 선한 일을 하는 것을 말합니다."

나는 "땅에 떨어진다는 의미는 무엇이지요?"

밀은 "땅에 떨어지는 것은 마음 밭에 심어지는 것입니다. 그리고 썩는다는 것은 희생하는 삶을 의미합니다."

나는 "만일 밀알이 강퍅한 마음에 떨어지면 어떻게 되나요?"

밀은 "열매를 맺을 수 없습니다. 열매를 맺기 위해서는 부드러운 마음에 떨어져야 합니다."

나는 "네, 밀알이 부드러운 마음에 떨어진다면 어떻게 되지요?"

밀은 "그러면 열배, 백배로 거두게 됩니다."

나는 "아! 그렇군요. 열매를 거둔다는 말은 무엇을 말하지요?"

밀은 "주님을 사랑하고 이웃을 섬기는 풍성한 삶을 말합니다."

나는 "섬기는 삶을 한마디로 뭐라고 말할 수 있나요?"

밀은 "섬기는 삶은 사람의 영혼을 위해 선용하는 삶입니다."

나는 "아! 그렇게 되기를 원하지만 잘 안되더군요. 어떻게 해야 하지요?"

밀은 "하하! 마음의 세계를 다니시면서 그것도 모르시나요? 기도를 해보세요. 주님은 구하는 자에게 사랑과 지혜를 넉넉하게 주십니다."

나는 "만일 구하지 않으면 어떻게 될까요?"

밀은 "만일 주님께서 비가 내리지 않으시면 밀알을 뿌려도 수확을 기대할 수 없습니다. 왜냐하면 세상 지식의 잡초, 독선의 돌덩이, 미움의 바람을 견딜 수가 없기 때문입니다."

나는 "아! 그렇군요. 기도는 그런 장애요소를 제거하는 것인가요?"

밀은 "네 그렇습니다. 풍성한 결실을 이루고자 한다면 우선 마음의 그릇을 비워야 합니다. 그리고 주님을 사모해야 합니다."

입으로는 주님을 섬긴다고 말하면서도 자신의 이기심과 영웅심을 충족하기 위해 날뛰는 자들이 얼마나 많은가? 이들은 자신의 능력과 힘으로 세상의 영광을 성취할 것으로 여기고 자만하여 스스로 높일 뿐 아니라 자기의 추종자를 만들어 나가지 않는가? 또한 많은 사람들 앞에서 나서기를 좋아하고 헛된 속임수에 쉽게 넘어가서 스스로 파멸하는 자가 되고 있지 않는가? 참으로 어리석은 자들이다. 이들은 오로지 자기 밖에는 눈에 보이지 않는 자이다. 그리고도 오히려 입으로는 순종한다고 떠들어 대면서 주님을 섬기고 있노라고 자랑을 하고 있다.

그것이 정말로 주님을 섬기는 것이라고 말할 수 있는가? 오히려 성전꼭대기에 올라가서 호령하고 뛰어내리면서 사람들이 받아주기를 기다리는 꼴이 아닌가? 이런 자만으로 어떻게 주님을 섬길 수 있겠는가? 나는 부드러운 마음에 밀알이 심겨지기를 간절한 마음으로 기대하면서 새로운 마음으로 밀을 대했다.

나는 "주님께서 약속하신 땅을 밀과 보리의 소산지라고 했습니다(신8:8). 무슨 의미이지요?"

밀은 "밀은 주님을 섬기는 삶이고 보리는 이웃을 사랑하는 삶을 말합니다. 그것이 약속된 땅의 산물입니다."

나는 "주님사랑과 이웃사랑을 말하는 건가요?"

밀은 "그렇습니다. 주님을 섬기는 삶과 이웃을 사랑하는 삶을 빼고는 천국을 말할 수 없습니다."

나는 "주님사랑과 이웃사랑이 천국의 대강령이라는 것을 믿습니다."

밀은 "주님은 주님의 명령에 순종하는 삶만이 진정 풍족한 삶이라고 약속하셨습니다. 주님을 섬기는 데서 복이 실현되기 때문입니다."

나는 "시편에서도 내 백성아 내 말을 들으면 기름진 밀을 먹이겠다고 하셨습니다(시81:13,16). 이 말은 무슨 의미이지요?"

밀은 "주님께 순종하여 섬긴다면 주님께서 주시는 기쁨을 얻는다는 말입니다."

나는 "그러면 먼저 주님의 명령을 듣는 것이 우선이군요. 삶의 우선순위를 질서 있게 세워야 한다는 말이지요?"

밀은 "그렇습니다. 먼저는 주님을 섬기려는 의도를 가져야 하고,

그 후에 이웃이고 그 다음에 자신이 되어야 합니다."

나는 "아! 우선순위는 삶의 의도를 세우는 것이군요."

밀은 "그렇습니다. 요셉이 이집트 왕에게 말했던 7년 풍년과 7년 흉년의 이야기도 삶의 동기를 말하는 것입니다." (창41:48-57).

나는 "어떻게요?"

밀은 "마음의 세계에서 7년 풍년은 기쁨을 말하고, 7년 흉년은 절망을 말합니다. 좀 더 자세하게 말하면 주님의 질서대로 삶의 우선순위를 제대로 세우면 풍년이고 자기를 앞세우면 흉년이라는 말입니다."

나는 "그것은 영적인 방정식을 말하는 건가요?"

밀은 "그렇습니다. 주님께서도 세상에 계시면서 뭇 영혼을 위해 고난의 길을 걸어가시면서 몸소 본을 보이셨습니다. 한 알의 밀알이 땅에 떨어져 썩는 고통을 감내하셨습니다. 주님께서 삶의 우선순위를 세우셨습니다."

나는 "알겠습니다. 한 알의 밀알이 땅에 떨어져 썩어야 많은 열매를 맺는다는 말을 더 설명해주세요."

밀은 "설명해 드리지요. 열매가 무르익게 되면 열매는 나무로부터 떨어집니다. 그리고 열매가 땅에 떨어지면 씨를 싸고 있는 껍질 부분은 썩게 되고, 씨 자체는 땅에 심겨져서 뿌리를 내리고 싹과 가지를 내면서 나무로 성장하게 됩니다."

나는 "아! 그것이 씨에서 나무로 성장하는 과정이군요. 그런 원리가 마음에도 해당되는군요?"

밀은 "네, 사람이 성장하기 위해서는 처음에는 자기 사랑과 세상 사랑하는 마음이 있지만 점차로 거듭나기 시작하면서 새로운 삶의 원리가 주어집니다. 그래서 자기 자랑이 없어지고 천국의 기쁨을 누리게 됩니다."

나는 "그러면 썩는다는 것은 무엇을 의미하지요?"

밀은 "자기희생입니다. 한마디로 섬김입니다. 누구든지 나를 섬기려면 나를 따라 오너라. 내가 있는 곳에는 나를 섬기는 사람도 같이 있게 될 것이다. 누구든지 나를 섬기면 내 아버지께서 그를 높이실 것이라고 하셨습니다."

나는 "섬김이란 무엇을 말하나요?"

밀은 "섬긴다는 의미는 무엇이든 주님을 사랑하는 동기로 실천하는 것입니다. 주님을 섬기는 자는 진리를 실천하는 사람입니다."

나는 "어떻게 섬기지요? 구체적으로 말씀해 주세요."

밀은 "이웃에게 선을 행하므로 주님을 섬깁니다."

나는 진정으로 섬긴다는 것이 무엇인지를 생각해 보았다. 섬긴다는 것은 여유가 있어서 하는 것이 아니라 주어진 현실에서 시작하는 것이며 아주 작은 일에서부터 실천한다. 섬김은 누구든지 할 수 있는 일이다. 섬김은 주어진 일에 성실하게 책임과 의무를 다하는 것이다. 목회자는 교회에서, 가장은 가정에서, 직장인은 직장에서, 정치인은 정치로 이웃에게 선용하는 것이다. 맡겨진 일에 성실하는 것 그것이 섬기는 도이다. 예컨대, 대통령은 권위적인 자세를 버리는 데서부터 섬기는 도를 실천하는 것이다. 자신이 남보다 높은 위치에 있다고 여긴다면 먼저 겸손하게 말과 행동에서 낮은 자세를 가져야 할 것이다. 그런 비용을 지불하는데서 섬김의 도가 나온다.

나는 밀에게 평소 궁금하던 것을 질문하였다.

나는 "밀밭의 가라지가 자랐을 때 주님께서 말씀하시기를 가만두어라. 가라지를 뽑다가 밀까지 뽑으면 어떻게 하겠느냐고 하셨어요. 무슨 의미이지요?"

밀은 "가라지는 거짓을 의미합니다. 밀밭에 가라지가 있음은 선과 더불어 거짓이 섞여 있다는 것을 의미합니다."

나는 "거짓이 들어 있으면 주님께서 어떻게 하지요?"

밀은 "성경에는 추수 때에 추수 꾼에게 일러서 가라지를 먼저 뽑아서 단으로 묶어 불에 태워 버리게 하고 밀은 곳간에 거두어들이게 하겠다고 했습니다."

나는 "무슨 의미이지요?"

밀은 "악으로부터 파생된 거짓 원리가 추방된다는 의미입니다. 한마디로 거짓은 지옥으로 보내고 선의 원리는 천국과 연합하게 된다는 의미입니다."

나는 "결국 심판을 의미하는군요. 결국 단으로 묶는다는 의미가 그런 뜻인가요?"

밀은 "단을 묶는 것은 여러 가지 거짓을 한군데로 합하는 것이고, 불에 태우는 것은 지옥으로 던져짐을 의미합니다. 그러나 밀을 곳간에 모아들이는 것은 천국에 들어감을 뜻합니다."

우리가 주님을 사랑하는 마음으로 세상 속에서 시련을 잘 견디어 내면 언젠가 섬기는 자가 섬김을 받을 것이라는 주님의 계명이 현실로 다가오게 될 것이다.

밀과 헤어지고

보리를 만나다

나는 보리를 보았다. 보리는 1만 년 전부터 사람들이 양식으로 애용해 왔던 곡식이다. 보리는 말, 노새, 나귀의 먹이로 쓰이기도 하였고(왕상4:28) 이집트가 원산지이고 봄보리, 가을보리가 있었다고 한다.

나는 보리에게 다가가 "나는 진리를 얻기 위해 마음의 세계를 다니고 있습니다. 당신에 대해 말씀해 주시기를 부탁합니다."

보리는 "우리는 주로 가난한 사람들이 먹는 곡식입니다."(왕하 4:42).

나는 "네, 나도 어려서 가난했을 당시에 보리밥을 먹던 기억이 있습니다. 아마 옛날이나 지금이나 가난한 사람들이 먹기에는 가장 값싸고 좋은 음식인가 봅니다. 마음의 세계에서 당신은 무엇을 의미하지요?"

보리는 "밀이 주님을 섬기는 지식이라면 우리는 이웃을 섬기는 지식이라고 할 수 있습니다. 그러니까 밀이 내적인 부분이고 우리는 외적인 부분입니다."

나는 "외적인 부분?"

보리는 "우리는 가난하고 병든 자를 위한 선한 행실과 지식을 말합니다. 한마디로 이웃사랑이지요."

나는 "이웃 사랑의 삶은 어떻게 사는 삶을 말합니까?"

보리는 "네, 그것은 이웃에게 관심을 가지고 동정을 베풀고 사회적으로도 활동하는 것입니다."

나는 "세상이 어수선하고 어려울 때는 어떻게 해야 합니까?"

보리는 "하하! 사회가 시끄럽고 어려울 때는 더욱 이웃에게 관심을 가지고 섬겨야 합니다. 주님께서 보리떡으로 군중을 먹이신 것처럼 말입니다."

나는 "그래요, 주님께서 군중들에게 밀을 나누어 주시지 않으시고 보리떡 다섯 개로 먹이신 것은 이웃사랑을 의미하는 건가요?"

보리는 "네, 보리는 주님의 진리를 알지 못하거나, 종교를 거부하지만 그래도 아직 사람들의 마음속에 남아 있는 선을 의미합니다. 사람들은 이 부분을 동정심이라고 하지요. 그러니까 주님께서 군중에게 보리떡을 먹이신 것은 당시 사람들에게는 주님의 선이 조금밖에 남지 않았다는 의미입니다."

나는 "그러면 다섯의 의미는 무엇인가요?"

보리는 "다섯은 적다는 것을 의미합니다. 십계명은 열을 의미합니다. 다섯은 열의 절반이기 때문에 적은 수를 의미합니다. 주님은 보리떡 다섯 개로 오천 명의 무리를 먹이셨습니다. 다윗은 골리앗과 대적할 때 자갈돌 다섯 개를 취했고, 벳새다 연못가에 행각이 다섯 개였고, 종이 다섯 달란트를 받았다는 것은 진리의 지식이 약간 있음을 표현하고 있습니다."

나는 보리떡 다섯 덩어리의 의미를 새삼 생각하였다. 그것은 주님 당시의 일반 서민들의 삶속에 하늘의 선이 남아 있지 않은 현실적 상태를 대변한다.

사실 오늘날의 신앙인들의 삶을 보아도 별반 다를 것이 없다. 예컨대, 주변 사람 중에 대화를 하다가, 잠시 말을 멈추고 손을 들어 주님을 찬양하거나 겸손하게 주님을 높이는 식의 의사 표현을 하는 이들을 나는 본 적이 없다.

아마도 그렇게 한다면 광신도라고 여기거나 신앙적 교만이라고 질책당할 수도 있다. 그러나 그런 지적보다 더 중요한 것은 우리들의 삶속에 매순간 주님을 찬양하는가이다.

모두 백화점의 쇼핑에 도취되어 물건을 고르거나 불에 구운 고기를 앞에 두고 술에 취해 정신없이 떠들어 대는 사람, 정욕에 사로잡혀 눈동자가 초점을 잃어버리거나 자기 자랑에 몰두해 있거나, 자기도취에 휩쓸린 표정을 지으면서 불만 섞인 목소리로 하늘을 향해 팔자타령을 하는 이들은 많이 보았으나, 세리처럼 하늘을 우러러 자신의 부족함을 솔직하게 고백하고 주님의 인자하심을 구하는 자들은 도무지 보지를 못했다.

아마 이들은 습관적으로 주님 앞에 무릎 꿇는 신앙적 훈련을 배우지 못했을 뿐더러 그렇게 하는 것이 오히려 외식하는 것이라고 여길 수도 있다. 아니면 이미 세속이 마음에 가득차서 그렇게 하고 싶지 않을 수도 있다.

어찌 되었든지 간에 사람들은 주님의 선하심을 노래하거나 찬양하는데 인색하거나 미숙하다. 오히려 얼굴 표정에서 간악한 눈동자와 노기가 가득한 표정을 띠었다.

이런 표정을 짓고 있는 그들에게서 무슨 반성의 여지와 기미를 찾아볼 수 있는가? 이들은 남의 꼬투리와 트집을 잡아서 분노 터

트리기를 좋아하고 거기에 만족하는 마음으로 인생의 목표를 잡은 듯싶었다. 그러기에 남의 잘못을 찾아내는 게임을 하면서 살아가는 것을 유일한 취미라고 자랑하는 듯싶었다.

그러므로 자기반성이 되지 않은 이들에게서 어떻게 주님 사랑의 인식을 기대할 수 있으며 땅에 떨어져 썩는 밀알과 같은 삶을 기대할 수 있겠는가? 목소리를 높여 부르짖는 그들의 기도가 과연 주님의 뜻을 찾고자 하는 간절한 마음인가? 아니면 자신의 욕망을 충족하기 위한 수단인가?

나는 "주님께서 손에 떡을 가지시고 사람들이 모두 배불리 먹고 난 뒤에 예수께서는 제자들에게 조금도 버리지 말고 남은 조각을 다 모으라고 이르셨습니다. 그래서 부스러기를 제자들이 모았더니 열두 바구니에 가득했다고 했습니다. 무슨 의미이지요?"

보리는 "떡과 고기의 남은 부스러기는 영혼의 애정을 의미합니다. 항아리 안에 만나가 놓였듯이 마음속에 담긴 애정을 의미합니다. 주님께서 군중을 먹이시는 기적 가운데서 주목해야 할 특이한 점이 있습니다. 그분께서는 한 순간에 군중이 먹을 분량을 창조하시지 않으셨습니다. 그분은 적은 분량을 계속 불려나가셨습니다."

나는 "왜 그렇게 하셨을까요?"

보리는 "그것은 뭐든지 적은 분량에서 시작하는 것을 의미하고 또한 아무리 작더라도 주님은 풍부한 복을 내리시는 분임을 의미합니다."

나는 "주님의 손에 잡히면 풍부한 수확이 있게 되나요?"

보리는 "네, 그렇습니다. 아무리 적은 것이라도 시작이 중요합니다. 그것이 주님의 손에 잡혀야 합니다."

나는 "그러려면 적은 믿음이라도 있어야 하겠네요."

보리떡을 나눈다는 것은 어렵고 힘든 고통 중에 있는 영혼들에게 다가가서 그들에게 적은 분량이라도 선을 나눠주는 일이다. 나는 보리떡이 나쁜 의미로 쓰여질 경우에는 어떤 경우인지 알고 싶었다.

나는 보리에게 물었다. "보리가 나쁜 의미로 쓰일 때도 있나요?"

보리는 "보리 종류에는 독보리가 있습니다. 독보리는 가라지를 말합니다."

나는 "독보리?"

보리는 "그렇습니다. 독보리는 밀과 성장 단계가 비슷하지만 독성이 있습니다."

나는 "그래요? 그런데 왜 주님은 밀과 함께 자란 독보리를 뽑지 말라고 했나요?"

보리는 "독보리를 뽑을 때 위험이 뒤따릅니다. 독보리를 뽑다보면 옆에 있는 밀을 독보리로 잘못 판단하여 밀이 뽑히는 위험이 있습니다."

나는 "마음의 세계에서 독보리는 무엇을 말하나요?"

보리는 "거짓의 원리를 표현합니다. 독보리는 악한 자입니다. 삶 속에 거짓 원리를 구체화시킨 사람입니다."

나는 "무섭군요. 씨 뿌리는 사람"의 비유에 있는 가시떨기와 가라지는 무엇이 다른가요?"

보리는 "가시떨기는 세속과 재물의 욕망이 성장하여 거듭나지 않은 마음을 의미하지만, 가라지는 마음속에 비밀리에 심어진 거짓 암시를 의미합니다."

나는 "거짓 암시 말입니까? 이런 것들이 언제 들어오나요?"

보리는 "인간이 잠든 동안에 악마는 씨를 뿌립니다. 잔다는 의미는 쾌락에 마음이 팔릴 때입니다."

나는 "그러면 거짓 암시를 구별하지 못하나요?"

보리는 "사람들은 쾌락에 젖어 있으면 자기를 돌아보지 못하니다. 그러기에 악령의 암시를 받으면서도 그것을 자기생각이라고 여깁니다. 그래서 분별하지 못하는 것입니다. 그러나 그 근원지는 악마입니다."

나는 "악마요?"

보리는 "독보리를 뿌린 자는 악마입니다. 악마는 지옥입니다. 악마는 자기 사랑에서 나오는 악한 원리인데 주님과는 정반대가 되는 원리입니다."

나는 "네, 그러니까 악마는 자아사랑을 구체화한 것이군요?"

보리는 "네, 악마는 주님이 주시는 삶의 방식을 거꾸로 뒤집은 것입니다. 우리가 악마라고 부르는 이유는 주님 사랑에서 출발해야 하는 삶을 자아 사랑에서 출발하도록 시도하기 때문입니다. 이런 원리는 인간에게는 원수요, 주님에게도 적입니다."

나는 "그러면 악마의 소리에 귀를 기울이면 천국과는 멀어지겠군요."

보리는 "그렇습니다. 자연적으로 천국과 멀어지게 됩니다. 진실을 말하는 악마는 하나도 없습니다. 처음 들을 때는 말하는 것이 진실 같으나 시간 지나보면 그것이 새빨간 거짓임이 들어납니다. 그것은 열매가 말해 줍니다. 악마는 태초부터 거짓말쟁이인데 그 속에는 진리가 없기 때문입니다."

나는 "그런데 왜 사람들은 거짓 암시에 쉽게 빠질까요?"

보리는 "네, 그것은 사람들이 세상 욕심이 크기 때문입니다. 거짓 암시는 항상 사람을 즐겁게 해서 자기 착각에 빠지게 합니다. 우리가 영적으로 잠들어 있으면 거짓 암시가 들끓게 됩니다."

나는 보리의 말을 들으면서 거짓 암시가 무섭다는 느낌이 들었다. 거짓 암시는 자기의 신념으로 타인을 설득하는 것을 말한다. 세상에서 누가 가장 힘이 있는 자이겠는가? 자기의 신념과 주장으로 사람들을 설득하는 자가 아니겠는가?

내가 알기에는 상담학적인 의미로 말한다면 거짓 암시는 일종의 자기 최면 상태라고 말할 수 있다. 자기 최면은 어려서부터 생존하기 위해 형성된 신념에 의해서 자신의 상태를 만들어 나간다는 원리이다. 인간은 그 환경과 사건 속에서 생존하기 위한 본능을 갖고 있는데, 그 때 갖게 된 생각과 신념은 진리가 아니더라도 절대적으로 신봉하고 그 신념에 의지하면서 살아가려고 한다.

내가 상담한 한 청년은 고등학교 시절 아버지의 공부하라는 분노와 성화에 공포와 두려움을 갖게 되었다. 그 청년은 비록 두려움으로 인한 동기였지만 미친 듯이 공부를 한 덕에 국내 최고의 학교에 입학하였다. 하지만 그는 자신의 선택과 만족에 의한 삶으로 살지 못하고 매사에 두려움의 동기로 움직이게 되었는데, 두려움과 공포로 인해 공황장애에 시달리게 되었다. 그의 뇌에서는 끊임없이 두려움으로 자극을 주는 거짓 암시가 활동하게 되었다.

뱀은 하와를 설득하여 주님을 배반하도록 유혹하여 타락하게 만들었다. 또한 온 세상을 뒤덮은 거짓의 설득은 노아의 홍수로 표현되었다. 주님은 "홍수가 땅을 파괴하는 일은 더 이상 없으리라"라는 구절로 세상을 덮은 거짓의 설득은 더 이상 없을 것을 말씀하셨다.

한 개인이 누군가에 설득되어 사기를 당한다거나, 미련하고 어리석은 여자가 늑대와 같은 자에게 설득되어 정절을 유린당하는 일들은 세상에 비일비재하다. 늑대는 조직적으로 군집을 이루어 미련하고 어리석은 정욕에 찌든 영혼을 사냥을 하는 것이 특징이다. 국가가 하나의 늑대와 같은 집단이 되거나 정치 권력이 늑대와 같은 집합을 이룬다면 당해낼 자가 없다. 과거 일본의 군국주의와 독일의 히틀러 집단이 늑대 같은 조직이라고 말할 수 있다. 그들은 평화를 깨뜨리고 주변의 나라와 백성을 뜯어먹는 거대한 늑대들이라고 말할 수 있다. 그들에 희생당한 자들이 그 얼마나 많은가? 위안부 할머니들의 눈물을 그 누가 보상할 것인가?

그런 늑대와는 달리 가라지는 보이지 않고 은밀하게 악한 욕망에 젖도록 만든다. 늑대보다 더 무서운 적이 아닌가? 가라지에 젖은 영혼은 언제나 은밀한 거래를 좋아한다. 배우자, 가족, 직장상사 모르게 비밀스럽게 간악한 흉계를 꾸미기를 즐긴다. 모두 가라지가 영혼을 파먹은 결과가 아닌가? 가라지는 영혼 속에 파고들어와 혼탁하게 만들고, 파멸로 끌고 간다. 이런 가라지에 물든 자들을 어떻게 구제할 수 있는가? 이것이 나의 고민이다.

내가 상담하는 어느 분은 심각한 영적 상태에 있는데, 나는 그녀에게 김군의 마음 부흥회에 참석하라고 아침에 전화로 독려했다. 그런데 그 날 참석하지 않았다. 나중에 그 이유를 들었는데, 내 목소리로 귀에 들리기를 '김군의 마음 부흥회에 오지 말라' 는 소리를 들었다는 것이다. 그래서 참석하지 않았다는 말을 했다. 나는 그 말을 듣고 순간 오싹해졌다. 악령이 그의 귀에 여러 가지 소리를 들려주어 하늘의 진리를 듣지 못하게 하는 일을 꾸미고 있는 것이다.

그녀는 귀에 속삭거리는 음성으로 그의 영혼은 점점 더 나락으로 떨어져 가고 있었다. 나는 주님의 진리가 영혼을 소생시키는 것을 깨닫고 난 이후로는 바울의 고백처럼 이전의 지식을 배설물 같이 여기게 되었다.

나는 "그렇다면 언제 밀과 독보리가 구분이 될까요?"

보리는 "초기에는 밀과 독보리가 같이 자랍니다. 그러나 자라면서 그들이 맺은 열매를 보면 확실하게 구별됩니다. 그래서 열매로 나무를 안다고 하였던 것입니다."

나는 "만약 열매 맺을 때 보게 된다면, 선과 악이 두드러지게 나타나겠군요."

보리는 "그렇습니다. 악인들은 자기의 악한 습관을 포기하지 않습니다. 그러나 어떤 이들은 자신의 나쁜 습관에 대해서 반감을 가지고 고쳐보려고 노력합니다."

나는 "아! 나쁜 습관이 독보리군요. 독보리를 몰아내려면 어떻게 해야 하나요?"

보리는 "네, 독보리를 색출하려면 진리가 있어야 합니다. 진리의 힘이 약할 때는 독보리가 잘 보이지 않다가도 진리에 대해 관심을 갖고 선을 사랑하게 되면 독보리의 악이 제대로 보입니다."

나는 "결국 내 안의 독보리를 뽑아야 되겠네요. 구체적으로 어떻게 해야 하지요?"

보리는 "독보리를 뽑으려면 먼저 그 열매를 보아야 합니다. 그것은 삶의 방식을 의미합니다. 독보리는 진리와 반대로 살면서 거짓을 확장합니다. 그 다음에는 거짓으로 만든 착각에서 벗어나야 합니다."

나는 "독보리를 동이 서에서 먼 것처럼 아주 멀리 추방하려면 어떻게 해야 하지요?"

보리는 "선하고 참된 진리가 무럭무럭 성장하도록 한다면 거짓은 절대로 성장할 수 없습니다."

나는 "네, 그러면 진리를 배우고 사랑하면 되나요?"

보리는 "네, 그렇습니다. 인간은 언제나 악하고 거짓된 모든 것을 던져 버리려는 노력을 경주할 뿐만 아니라 진리를 실천하고 행하는 수고를 해야만 합니다."

나는 아이가 보리빵 다섯 개를 가져온 것을 생각했다. 아이가 의미하는 인생 초기의 선한 애정이 보리빵처럼 보잘것 없는 선을 주님께 가져온 것이다. 이렇게 조금밖에 없지만 주님의 손에 들려지면 풍부한 소출을 내게 된다.

보리와 헤어지고

콩을 만나다

나는 콩을 보았다. 성경에서 다니엘이 왕의 기름진 음식을 마다하고 채식을 요구하고 나섰는데, 채식은 콩이었다고 한다(단 1:12,16). 애굽과 팔레스타인 지방에서는 편두콩, 누에콩 등 여러 종류의 콩이 재배되었다. 그중에서 작은 편두는 야곱이 에서에게 장자권을 받고 팔았던 팥죽의 원료이다. 콩은 하나님이 양식으로 주신 '씨 맺는 채소'에 해당된다.

나는 콩에게 다가가서 말했다. "나는 마음의 세계에서 진리를 찾아다니고 있습니다. 마음의 세계에서 당신은 무엇을 의미합니까?"

콩은 "우리는 넝쿨을 뻗어 다른 나무를 의지하고 솟아오릅니다.

이것은 지식에 대한 갈증을 의미하지요. 우리는 선용에 관한 지식을 뜻합니다. 이는 진리를 배우고자 하는 마음입니다."

나는 "진리의 지식은 어디에서 가져 오나요?"

콩은 "지식은 기억에서 가져옵니다. 기억은 지식이 저장되는 그릇입니다. 삶속에서 진리를 선용하기 위해서는 기억에서 지식을 끄집어내야만 합니다."

나는 "그러면 기억력이 좋아야 하겠군요. 당신이 선용에 관한 지식을 의미한다면 삶의 목적은 선용하는 것을 의미합니까?"

콩은 "네, 자연만물을 보세요. 자연은 언제나 자신을 위해 살지 않고 선용하는 삶을 살아갑니다. 예를 들어, 땅은 식물에게 땅과 영양분을 제공하고, 식물은 열매를 맺어 동물이나 사람에게 먹을 것을 제공하지 않나요? 그리고 동물은 사람에게 고기를 제공합니다. 이 모든 것이 선용입니다."

나는 "아! 그렇다면 선용을 위한 지식은 자연만물의 원리이군요. 그렇다면 지식의 최종 목적은 선용이겠네요."

콩은 "네, 그렇습니다. 선용을 위해 지식이 쓰여 지지 않는다면, 결국 그 지식으로 자기를 높이거나 이기적인 목적을 위해서 사용하지 않겠어요?"

나는 "그렇군요. 만일 그 지식이 이기심을 위해 사용된다면?"

콩은 "흠, 그것은 도둑과 같습니다. 가룟 유다가 돈주머니를 쥐고 있었는데, 성경에는 그를 도둑이라고 하였습니다. 이것은 우리에게 많은 교훈을 줍니다."

나는 "그러면 지식은 하나의 재물과 같은 건가요?"

콩은 "네, 마음의 세계에서 지식은 재물로 여깁니다."

나는 "유다가 재물을 이기적으로 사용한 것과 지식을 악용하는 것은 같은 의미이군요."

콩은 "그렇습니다. 유다는 재물을 이기적인 목적으로 사용했습니다. 그래서 도둑이라고 했습니다. 지식은 영적 재물입니다. 악용하는 지식은 도둑질과 같습니다. 재물을 자기 것으로 여기거나 자신의 명예만을 위해 지식을 사용한다면 주님과 이웃 사랑은 없습니다."

나는 "알겠습니다. 그러면 지식을 어떻게 배우고 활용해야 합니까?"

콩은 "세상은 영적 지식을 배우는 학교입니다. 세상 속에서 주님의 백성들이 할 일은 영적 지식을 잘 배우고 실천하는 것입니다."

나는 "아! 그렇군요. 하나님과 이웃 사랑을 말하나요?"

콩은 "네, 세상은 하나님과 이웃사랑을 위한 성도들의 실습 현장입니다."

나는 "그러면 산속에 들어가서 살면 사랑을 실천하기 어렵겠네요?"

콩은 "그렇습니다. 진정한 종교는 선용하는데 있습니다. 주님은 힘들고 어렵지만 세상 속에서 주님의 뜻을 실천하는 것을 더 기뻐하십니다."

나는 "주님의 뜻은 무엇인가요?"

콩은 "주님의 뜻은 주님과 이웃을 위해 선용의 의무를 다하는 것이고 그렇게 하는 것이 창조의 질서입니다."

나는 "네, 선용하면서 살아가야 한다는 것은 알겠는데, 악마의 시험으로 선용을 제대로 실천하기 어렵습니다."

콩은 "그래서 주님은 제자들이 악으로부터 보호되기를 기도하셨습니다."

나는 "아! 악으로부터 피해를 입지 않으려면 어떻게 해야 하나요?"

콩은 "먼저, 자신 안에 악을 분리시켜서 몰아내야 합니다. 그렇지 않으면 악은 가까이 다가와 엄청난 피해를 줄 것입니다."

나는 "아! 세상에서 살기 힘들군요. 산속에나 들어갈까요?"

콩은 "그런다고 악이 물러가는 것이 아닙니다. 세상에서 악을 이겨내려면 세상 속에 살면서 시험을 정복해야 합니다."

나는 "그런가요?"

콩은 "만일 세상에서 도피하면 주님이 주시는 축복의 기회를 잃어버립니다. 시험을 이기는 것도 하나의 이웃사랑이 됩니다."

나는 "시험에서 이기는 것이 이웃사랑이 된다고요?"

콩은 "네, 그렇습니다. 우리가 알아야 할 것이 있습니다. 우선 시험을 이기면 자신에게 유익이 되고 둘째는 고통스런 인생길에서 살기 힘들어 하는 누군가에게 모범이 될 수 있습니다."

나는 "그러면 시험을 반드시 이겨야 하겠군요. 시험 당할 때 주님께서 도와주시나요?"

콩은 "네, 주님은 도와주십니다. 주님은 시험을 통해서 합력해서 선한 열매를 맺도록 하십니다. 주님만이 악의 시험으로부터 선을 이끌어 내실 수 있습니다."

나는 "네, 알겠습니다. 그러면 주님의 제자가 되도록 노력해 보겠습니다."

콩은 "하하! 이제야 조금씩 눈을 뜨는군요? 마음속에 있는 제자라! 마음속의 제자는 진리를 따르는 자들입니다. 제자는 선과 진리의 원리를 말합니다."

나는 "그러면 마음속의 악은 무엇인가요?"

콩은 "그것은 당연히 부모로부터 전수된 유전 악과 살면서 터득한 죄입니다."

나는 "그런 것이 마음에 있으면 과연 진리를 따라 갈 수 있나요?"

콩은 "그래서 먼저 선하게 살고자 하는 순수한 의도를 가져야 하고 그 다음에 그것이 삶의 습관으로 존재해야만 합니다."

나는 "어떻게요?"

콩은 "우리를 보세요. 넝쿨이 나무를 타고 올라가지요? 이런 간절한 마음으로 주님을 의지하면서 선을 사모하는 것입니다."

주님께서는 세상에서 격렬한 시험의 전투를 견뎌내셨다. 주님이 당하신 시험은 온 인류를 향하여 품으신 사랑이 공격당하는 시험이었다. 그러나 시험의 전투가 지난 후 주님께서는 천사들의 수종을 통해 위로를 받으셨다.

영적 시험은 거듭나는 사람에게만 주어진다. 그렇지 않다면 영적 시험이 아니라 세상적인 흥분 상태일 뿐이다.

또한 하늘의 생명을 위해 자신 속에 숨겨져 있는 악과 싸우지 않으면 영적 시험을 겪는 게 아니다. 결국 자기 죄의 결과로 인한 시험은 시험이 아닌 것이다.

어떤 나무가 좋은 열매를 맺을 가능성이 보인다고 한다면, 주님께서는 가지치기를 하셔서 좋은 열매를 맺을 수 있도록 환경을 조성하신다. 그러므로 거듭나는 사람에게 시련은 인격을 성숙되게 하는 가지치기인 것이다.

어떤 환자가 건강을 회복하기 위해서 의사의 지시를 따라 생활습관과 음식을 가려 먹는 것은 상당한 노력이 필요하다. 그에게는 참기 힘든 시련과 같다.

그러나 그 시련은 건강한 육체를 위해 꼭 필요한 과정이다. 과거에 먹던 음식을 먹고 싶어도 참고 먹기 싫은 음식을 먹은 결과 그의 건강은 점차로 회복된다. 영적인 과정도 이와 비슷하다.

인간이 자기 삶을 개혁하고자 한다면 과거의 애정과 생각, 행동을 버리고 새 것으로 교체해야만 한다.

우리는 하나님과 세상을 겸하여 섬길 수 없다. 악은 절대로 천국에 가지고 갈 수 없다. 악은 지옥에서 온 것이기 때문이다. 천국에 가기를 원한다면 반드시 지옥의 요소를 단호하게 버려야 한다.

나는 영적 시련은 내면세계와 외적 추구의 경향성과 싸움이라는 것을 알았다. 그러므로 깊은 내면세계의 망대를 세우기 위해서는 하늘로부터 보내심을 받은 천사의 도움을 받아야 한다. 그들이 우리의 진정한 친구들이다.

비록 우리의 눈에는 볼 수 없지만 선한 사람은 천사의 공동체 안에 있고 악한 자는 지옥의 공동체 안에 소속해 있다. 그리고 누구든지 언젠가 육체를 벗을 때 자기의 소속된 공동체에 들어갈 것이다. 나는 이런 시를 읊조렸다.

"만일 당신이 선을 목적한다면, 주님은 천사들을 통해서 당신의 지식 안에 선을 심어주실 것이다. 본래부터 당신이 선한 사람이었던 것처럼 당신은 진리를 기뻐하게 되어 선과 하나가 된다. 이로써 천사들은 할 일이 생겼다. 당신의 마음속에 천국 사회를 건설하는 것이다.

콩과 헤어지고

오이를 만나다

주변을 살펴보니 오이가 즐비하게 자라고 있다.

나는 오이에게 다가가 말했다. "나는 마음의 세계에서 진리를 찾고자 합니다. 당신에 대해 알려 주시기를 바랍니다."

오이는 "고대에 이집트 사람들은 나일 강가에 오이를 가꾸었는데, 오이 맛이 좋았다고 합니다."

나는 "아! 그래요? 오이의 효능에는 무엇이 있지요?"

오이는 "오이는 식품으로 담백하고 달고 수분이 많은 것이 특징입니다. 그래서 사람들이 많이 찾습니다. 오이는 여름에 먹으면 시원한 맛을 주고 더운 기운을 잘 다스리는 식품입니다."

나는 "마음의 세계에서 오이는 무엇을 의미하나요?"

오이는 "마음의 세계에서 오이는 오감에 의한 감각적 지식을 의미합니다."

나는 "아! 그렇군요. 오감에 의한 지식에만 집착하면 육체적이고 감각적인 면에 빠질 수 있지 않나요?"

오이는 "하하! 히브리인들은 광야 길에서 우리를 찾았습니다. 광야 길을 걷던 그들이 이집트에 있을 때 먹던 오이를 회상하며 불평을 늘어놓았습니다(민11:5). 그들은 영적 여정에서 감각적 즐거움을 그리워했기 때문입니다. 이집트의 오이를 그리워하는 그들의 감각적 입맛은 가나안에서는 통용될 수 없는 입맛입니다."

나는 "그런가요? 사람은 외부 정보를 감각이라는 매체를 통해 인식하지요?"

오이는 "그렇습니다. 외부 정보를 얼마나 진실 되게 받아들이느냐에 따라 진리 혹은 거짓으로 나뉘게 됩니다. 예를 들어 외부 정보를 객관적이고 합리적인 근거로 진실하게 받아들이면 과학이 되고, 영적 지식에 접근하면 종교가 됩니다."

나는 "그렇군요. 감각은 시각, 청각, 촉각의 기능이지요?"

오이는 "네, 청각을 통해서 순종하게 되고, 시각으로는 깨달음에 도달하게 됩니다."

나는 "그런데 만일 눈에 보거나 듣는 감각적 정보에만 집착하면 영적으로 이해하지 못할 수도 있지 않나요?"

오이는 "네, 맞습니다. 그래서 유대인들은 주님에 대해 이렇게 말했습니다. 당신이 이런 일을 하는데, 당신에게 이럴 권한이 있음을 증명해보시오. 도대체 무슨 증거를 보여주겠소?"

나는 "그들은 눈에 보이는 감각적인 증거를 원했군요?"

오이는 "네, 그렇지만 주님은 눈에 보이는 증거를 보여주지 않았어요. 그분은 진리를 감각이 아니라 믿음을 통해 생산되기를 원하셨거든요."

나는 "그런데 사람들은 믿음보다는 눈으로 보거나 듣거나 해야만 확실하다고 판단합니다."

오이는 "그렇습니다. 그들은 진리 자체가 주는 증거로는 충분하지 않았습니다. 오직 감각의 잣대로 진리를 판단하였습니다. 결과적으로 그들의 영적상태는 저급하게 되고 감각적 즐거움만이 자리 잡게 된 것입니다."

나는 "사람들은 눈으로 보이는 것에 치중하고 당연히 감각을 통한 증거가 있어야 한다고 여깁니다. 유대인들에게 주님은 뭐라고 대답하셨나요?"

오이는 "주님은 유대인들에게 이 성전을 허물어라. 내가 사흘 안에 다시 세우겠다고 하셨어요." (요2:19-21).

나는 "주님께서 제시하는 증거를 유대인들이 이해하지 못했겠네요. 무슨 의미이지요?"

오이는 "주님을 십자가형에 처하는 것은 성전을 허무는 것이고 사흘 후 부활하신 것은 그들이 허물었던 성전을 세우시는 것을 의미합니다. 예언자는 이렇게 말했습니다. 나중에 지은 성전이 이전의 성전보다 더 영화로울 것이다." (학2:9).

나는 "주님이 말씀하신 십자가와 부활이 무슨 증거가 되지요?"

오이는 "네, 십자가와 부활은 거듭남을 의미하기 때문에 증거가 되는 것입니다."

나는 "무슨 말이지요?"

오이는 "부활은 마음 안에서 거듭남의 근원이 됩니다. 인간이 거듭나야만 주님을 믿기 때문이지요. 그렇지 않으면 주님을 믿을 수 없어요. 부활은 진리의 가장 높은 증거이고 믿음의 깊은 바탕이 되기 때문입니다."

나는 "아 그렇다면 거듭남은 주님을 받아들인 최고의 증거이군요."

오이는 "그렇습니다. 거듭남은 주님이 우리의 구원자이신 것을 명백하게 하는 표시입니다."

나는 "주님의 증거를 알겠습니다. 그런데 주님의 부활의 증거에 대해 유대인들은 뭐라고 했나요?"

오이는 "유대인은 이 성전을 짓는데 사십육 년이나 걸렸는데 당신은 이 성전을 사흘 만에 짓겠다는 말이냐고 항변했습니다."

나는 "마음의 세계에서 46년은 무슨 의미이지요?"

오이는 "유대인이 말한 사십육 년은 성전을 짓는데 소요된 햇수인데 이 숫자는 교회의 품질에 관한 표현입니다. 사십은 광야생활 사십 년 시험의 기간이고, 여섯은 수고와 노동의 육일입니다."

나는 "시험과 노동?"

오이는 "네 사십육 년은 종교가 평가 절하된 상태를 말하는 것입니다."

나는 "당시 유대 교회 상태를 두고 하시는 말씀이군요."

오이는 "성경에는 예수께서 성전이라고 하신 것은 당신의 몸을 두고 하신 말씀이었다고 했습니다."

나는 오늘날 많은 사람들이 눈에 보이고 귀에 들리는 감각을 최고의 가치로 여기며 살아가는 모습을 볼 때, 그들이 믿음 없는 상태가 불쌍해졌다. 이런 사람들은 이런 감각을 충족하는 수단으로 돈을 버는데, 돈이 인생의 전부라고 여긴다. 그들은 부지런하게 일하면서 돈을 구하지만 결국 돈의 노예가 되는 그런 삶을 살아간다.

그리고 결국 돈을 벌고서 하는 일은 감각을 충족시키는 것, 즉 먹는 것, 재물을 모아들이는 것, 건강을 유지하는 것, 섹스를 하거나 놀이에 깊이 빠지는 것 등이다.

나는 감각에 매달려 살아가는 인생을 볼 때마다 매우 화가 나기도 하고 답답해졌다. 나는 그들을 볼 때마다 악령이 우굴거리는 이 세상에 살고 싶은 마음이 사라졌다. 바울이 말한 대로 죽는 것이 유익하다는 말이 실감났다. 선한 자들과 어울리고 싶은 것이 나의 희망사항이다. 그러나 한편 생각해 보면 나 자신도 선하지 않은 것이 더욱 한심한 일이 아닌가?

나는 "그렇다면 짐승 중에 감각을 상징하는 동물이 있나요?"

오이는 "에덴동산의 뱀입니다. 이브를 꾄 뱀에게 내린 저주는 배로 기어 다니고 흙을 먹는 것이었습니다."

나는 "무슨 의미이지요?"

오이는 "인간의 본성 중에 감각을 뱀으로 이해하는 것이 가장 적절합니다. 뱀은 감각을 상징하기에 안성맞춤입니다."

나는 "그렇다면 에덴동산 사건은 감각을 우선으로 여기고 주님의 진리를 의심한 것이군요. 그렇다면 감각을 제어하면 주님의 음성에 순종할 수 있겠네요. 감각이 앞장서면 주님께 순종하기보다는 감각적 쾌락과 즐거움을 추구하니까요. 아! 감각을 무엇으로 통제할 수 있을까요?"

오이는 "정확하게 보셨습니다. 선악과를 먹었다는 의미는 감각이 왕 노릇한 사건입니다. 감각이 우위를 차지하고자 주님의 음성을 부정한 것입니다. 감각을 통제하기 위해서는 이성이 필요합니다."

나는 "이성이 감각을 다스릴 수 있다는 것인가요?"

오이는 "그렇습니다. 주님께서 세상만물을 창조하시고 보시기에 참 좋았다고 하는 것은 이성이 감각을 다스리는 질서정연한 상태를 두고 하신 말씀입니다."

나는 "뱀을 포함해서 모든 창조물을 사람이 다스리라고 하셨고 그때 참 좋았다고 말했군요."

오이는 "그렇습니다. 이성이 감각을 다스리고, 영적인 면이 자연적 상태를 다스릴 때 보기에 좋은 것입니다."

나는 "만일 그 반대이면요?"

오이는 "예컨대, 감각이 이성을 지배하고, 거듭나지 않은 자연적 상태가 영적인 것을 다스릴 경우 인간은 모든 질서가 무너지고 그것은 곧 저주가 됩니다."

나는 "감각이 이성을 끌어내렸군요. 감각이 이성을 지배하면 어떻게 되지요?"

오이는 "네, 그럴 경우 인간은 짐승같이 살게 됩니다. 그러면 비록 인간이 하나님의 형상으로 태어났지만 악마같이 됩니다."

나는 "그러면 질서를 회복하려면 어떻게 해야 하나요?"

오이는 "이성이 감각을 지배하면 질서가 회복됩니다."

나는 "아! 그래서 17세기 감리교회의 창시자 영국의 웨슬리가 온전한 인간을 말할 때 합리적인 인간이라고 말했군요. 그러면 주님께서 그 부분에 대해 하신 말씀이 있나요?"

오이는 "네, 그녀의 후손이 뱀의 머리를 밟는다고 했어요. 그것은 인간이 타락해서 감각이 이성을 지배했는데, 감각의 머리를 부수겠다는 약속입니다."

나는 "주님께서 감각이 우선 되는 원리를 싫어하시나요?"

오이는 "네, 그것은 땅에 속한 원리입니다. 타락의 원리입니다."

나는 "아! 사람이 감각을 우선으로 따르다 보면 결국 타락의 길로 들어서는군요."

오이는 "그렇습니다. 타락의 상태는 육신의 욕망에 빠져 있는 상태입니다. 성경에서 말하는 불 뱀(민수기21:6)에 물린 상태입니다."

나는 "불 뱀에 물렸다는 표현이 그런 의미가 있군요."

오이는 "불 뱀에 물렸더라도 살 길이 있습니다."

나는 "욕망에 사로잡힌 자들이 어떻게 살 수 있다는 말입니까?"

오이는 "그 와중에도 그분을 믿고 바라봄으로 영생을 얻게 됩니다."

나는 "아! 모세가 광야에서 뱀을 들어 올렸듯이 인자가 들어 올리셨다는 의미이군요."

오이는 "네, 주님께서 구리 뱀을 들어 올리셔서 감각에 취해 있는 인간에게 찾아 오셔서, 감각적 열정에 깊이 빠져 있는 자를 건져내시고 들어 올리셔서 이성과 결합되게 하십니다."

나는 "아! 놀랍고 심오하고 위대하군요. 그러니까 세상 욕망의 불 뱀의 원리를 주님의 구리 뱀의 원리로 승화시키는 것이군요."

오이는 "그렇습니다. 그래서 주님께서 뱀 같이 슬기롭고 비둘기

같이 순결하라고 하셨어요." (막10:16).

나는 "네? 무슨 의미이지요?"

오이는 "뱀같이 슬기로워야 한다는 말씀은 이성의 지배를 받는

감각을 말합니다. 비둘기는 순결을 의미합니다."

나는 "아 그렇게 연결되는군요."

오이는 "잘 보셨습니다. 그렇게 해서 온전하게 되는 것입니다.

나는 이런 지식을 얻게 해주시는 주님을 찬양했다. 세상적, 악마

적이라는 것은 결국 감각이 지배하는 삶을 말한다. 오늘날 그런

자들이 득세하여 순결한 자들을 괴롭히고 괴롭혀서 천국에 가는

길에 훼방을 놓지만 그렇지만 주님은 섭리를 통해서 악을 제거

할 수 있는 길을 마련하고 계신다. 나는 이런 주님의 섭리에 감사

할 뿐이다.

이런 주님의 섭리가 없다면 가시덤불이 쌓인 거친 길을 어떻게

헤쳐 나갈 수 있다는 말인가? 그러므로 더욱 진리에 굳게 서서 감

각에서 벗어나서 믿음으로 이겨내야만 한다.

오이와 헤어지고

부추를 만나다

나는 부추를 보았다. 부추는 달래과에 속하는 다년생 식물이다.
나는 부추에게 찾아가서 다정하게 인사를 하며 말을 건넸다. "나
는 진리를 찾으러 마음의 세계에 다닙니다. 당신에 대해 말씀해
주시기를 바랍니다."

부추는 "우리는 간의 기운을 보충해줍니다."

나는 "마음의 세계에서 당신은 무엇을 의미하나요?"

부추는 "우리는 삶을 윤택하게 하는 지식을 상징합니다. 매일매
일 삶의 맛을 상승시켜주며 기름지게 하는 깨달음입니다."

나는 "아! 그렇군요. 그러려면 이웃과 잘 어울려야 하겠네요?"

부추는 "그렇습니다. 이웃과 더불어 삶의 맛을 내고 향기를 더하

는 지식입니다."

나는 "이웃과 함께 한다는 말은 봉사하는 지식이군요."

부추는 "주님께서는 이웃과 더불어 살아가는 계명을 주셨습니다. 너희에게 새 계명을 주겠다. 내가 너희를 사랑한 것같이 너희도 사랑하라고 하셨습니다. 나는 왜 새 계명이라고 하나요?"

부추는 "사실 구약의 율법에도 이웃을 자신같이 사랑해야 한다고 말했습니다(레19:18). 그러나 주님이 말씀하신 계명을 새 계명이라고 하는 것은 기독교라는 새로운 원리가 주어졌기 때문입니다."

나는 "서로 사랑하라는 말씀은 영원한 원리인가요?"

부추는 "그렇습니다. 기독교인들의 사랑에는 특징이 있습니다. 그것은 이웃을 사랑하되 자신을 사랑하듯 해야 할뿐만 아니라 주님이 그들을 사랑하신 것같이 해야 한다는 것입니다."

나는 "왜 우리가 이웃 사랑을 해야 하지요?"

부추는 "네, 그 이유는 단 한가지입니다. 주님께서 우리를 사랑하셨기 때문입니다. 그러나 우리는 이웃을 사랑한다고 할지라도 주님 수준만큼 할 수는 없습니다. 하지만 그분을 닮아갈 수는 있습니다."

나는 "그러면 그분의 사랑을 닮도록 노력해야 하겠군요?"

부추는 "네! 노력하면 할 수 있습니다. 주님께서 우리를 사랑하시는 사랑이 우리 안에 머물러 있기 때문에 얼마든지 이웃 사랑이 가능합니다. 사람은 분량대로 사랑을 실천합니다."

나는 "정말로 그럴까요?"

부추는 "네, 주님은 우리에게 사랑을 실천할 수 있는 힘을 주십니다. 주님께서 우리를 사랑했던 사랑의 수준까지 도달할 힘을 주십니다."

나는 "휴! 정말로 그 분량에 이를 수 있을까요? 왜 주님께서 서로 사랑하면 주님의 제자라고 말씀하셨나요?"

부추는 "잘 아시는군요? 주님의 제자가 되기 위한 테스트는 사랑입니다. 어떤 사람이 진리를 믿는지, 안 믿는지를 알 수는 없지만 그러나 그가 사랑하는가, 미워하는가는 금방 분별할 수 있습니다."

나는 "아! 그렇군요. 사랑에도 수준이 있나요?"

부추는 "사랑은 품질에 따라 다릅니다."

나는 "그러면 어떤 사랑이 좋은 품질인가요?"

부추는 "네, 질적 사랑은 선을 실천하는 것입니다. 사랑이 확대

될수록 주님을 섬기고 이웃에게 선을 행하게 됩니다."

나는 "그러면 누가 이웃인가요?"

부추는 "이웃은 사랑의 도움을 필요로 하는 사람입니다."

나는 "이웃 사랑을 발전시키려면 어떻게 해야 하지요?"

부추는 "이웃 사랑을 발전시키기 위해서는 이웃의 필요를 알아서 불쌍히 여겨야 합니다. 사람들은 천국을 필요로 하고 있습니다. 이웃의 마음에 천국을 확장시켜야 합니다. 세상의 모든 사람은 주님에게 돌아가야 할 하나님의 자녀들이기 때문입니다."

나는 "구체적으로 어떻게 해야 할까요?"

부추는 "진정으로 이웃을 사랑한다면 그들로 하여금 악을 억제하고 선을 행하도록 돕는 것입니다."

나는 "반대로 이웃으로 하여금 악행 하도록 부추기는 경우도 있겠네요?"

부추는 "그렇습니다. 사람들로 하여금 영적 소경이 되도록 만들어서 악으로 유도하는 자들도 있습니다."

나는 "그렇군요. 이웃 사랑은 상대방의 선을 찾아 도와주는 것이지요?"

부추는 "그렇습니다. 이웃을 무조건 도와주지 말고 이웃의 선을 찾아 훈련시킴으로 돕는 것입니다."

나는 "그렇다면 선을 실천할 때 우선순위가 있나요?"

부추는 "첫째는 선 자체이신 주님이고 둘째는 주님의 나라 셋째는 교회 넷째는 국가 다섯째는 직장 여섯째는 개인입니다. 순서가 바뀌면 악이 횡행합니다."

나는 "왜 이런 순서대로 선을 실천해야 하지요?"

부추는 "그 이유는 보다 최고의 선을 실천할 때 더불어 작은 선도 실천할 수 있기 때문입니다."

나는 "그 말은 선을 사랑해야 한다는 뜻인가요?"

부추는 "네, 그렇습니다. 선을 사랑해야 합니다. 우리가 누군가를 사랑한다면 그분의 선을 사랑해야 합니다."

나는 "만일 이웃이 선을 행하지 않는다면?"

부추는 "그렇다면 선을 행하는 능력을 사랑해야 합니다. 그리고 그 부분을 발달시켜 주어야 합니다. 하늘나라는 너희 안에 있다고 했습니다."

나는 "그러니까 이웃사랑은 주님의 선을 높이고 닮아가는 것이군요?"

부추는 "네, 주님은 선하신 분이십니다. 그분은 악한 자나 선한 자 모두에게 해를 비춰 주시고, 의로운 자든 그렇지 못한 자든 비를 보내 주신다고 했어요."

나는 "보통 사람들은 자기에게 잘하는 사람만 사랑하는데요?"

부추는 "음, 그것은 천국의 교리가 아닙니다. 이웃 사랑은 감상적인 수준을 말하는 것이 아니라 삶의 원리를 말하는 것입니다. 이웃 사랑은 다른 사람에게 선을 행하는 사랑입니다."

나는 "어떤 부자는 가난한 동료가 당장 끼니를 때울 쌀이 떨어져서 허우적대는 말을 들으면서 자신은 주님께 축복받았노라고 자랑합니다."

부추는 "음.. 그렇게 말하는 그 사람은 주님께 받은 사랑이 없어서 그래요."

나는 "네? 주님께 사랑을 못 받았다고요? 축복받았다고 자랑을 하고 있는데요? 잘 이해가 안되네요?"

부추는 "누구든지 주님으로부터 받은 사랑만큼 사랑을 실천하거든요. 그 이상은 어려워요."

나는 "아! 맞아요. 진실한 마음으로 주님을 사랑할 때 이웃도 사랑할 수 있는 거지요."

부추는 "하하! 이제 깨달으시는군요. 주님은 작은 자에게 행한 것이 곧 나에게 베푼 것이다, 원수를 사랑하라고 말씀하셨습니다."

나는 "그러면 선한 자는 누구를 말하는 것인가요?"

부추는 "네, 선한 이웃이란 사랑의 동기를 가지고 선행할 준비가 갖춰진 사람을 말합니다."

나는 "그러면 악한 자는?"

부추는 "악한 자는 수천수만 가지 방법으로 육체적, 정신적으로 선을 뺏는 자입니다."

나는 "그러면 강도 아닙니까?"

부추는 "강도입니다. 그런 자들은 선을 좀먹는 기생충들입니다."

나는 "그러면 악한 자에게 희생당한 자들을 돌보아야 하겠네요?"

부추는 "그렇습니다. 제대로 보셨습니다. 희생자들에게 관심과 애정을 쏟아야 합니다."

나는 "결국 이웃 사랑은 영적으로 돕는 것이네요. 선을 실천하는 것이니까요."

부추는 "네 그렇습니다."

주님은 "이웃을 네 몸 같이 사랑하라"고 하셨다. 그렇다면 누가

이웃인가? 이웃 속에 들어있는 악을 사랑하라는 의미는 분명 아

닐 것이다. 우리가 하나님의 선을 사랑하듯이 이웃의 선을 사랑

해야 한다.

분명한 것은 선이야말로 진정한 이웃이기 때문이다. 또한 우리

가 하나님의 선을 가지고 있는 만큼 이웃이 된다. 우리는 세상에

사는 사람들의 악으로 인해 상처나 피해를 입었다고 해서 그들

을 피해 산이나 섬에 들어가서 살 수는 없다. 그들을 계속 만나야

하는 상황이 발생할 수도 있다. 심지어는 배우자가 악한 짓을 하

는 경우도 많이 있다. 어찌 해야 할 것인가?

성경은 이렇게 답을 한다. 사람을 사랑하되 그 사람 안에 있는 선

을 증가시키기 위해 노력하는 것이다. 결국 선이 많든 적든 간에

상대방의 선이 완전해지기를 바라는 것이다.

그러므로 상대방의 만족을 채워주는 것이 능사는 아니다. 왜냐

하면 인간의 욕심은 끝도 없이 늘어나기 때문이다.

부추와 헤어지고

풀을 만나다

풀은 땅에서 가장 먼저 세상에 모습을 드러내는 식물이다(창1:11).
풀은 짐승과 사람에게 식품으로 주어졌으며(창1:29,50), 풀이 흙속
에 뿌리를 내리고 꽃을 피워 열매를 맺은 후 흙으로 돌아가는 것
은 마치 사람을 닮았다. 또한 풀을 뜯는 양떼는 주님의 말씀에 기
대어 살아가는 민초들의 모습을 닮았다.

풀은 하나의 생명력으로 과학적으로 합성할 수 없는 신비스러운
엽록소를 갖고 있다. 풀의 푸른색은 땅의 기운을 먹고 태양광선
에서 오는 엄청난 에너지를 받아들여 이루어진 것이다.

나는 풀에게 다가서서 "나는 마음의 세계에서 진리를 찾으러 다
니는 중입니다. 당신에 대해 알려 주시기를 부탁드립니다."

풀은 "우리는 땅에서 돋아나 땅의 유실을 막아주고 짐승들의 먹이로도 이용됩니다."

나는 "그러면 땅은 풀의 보금자리이군요. 당신은 땅과 더불어 모든 생물이 살아가기 위한 생존의 터전이 되어주는 군요. 마음의 세계에서 당신은 무엇을 의미하나요?"

풀은 "네, 주님께서 먹이시는 진리의 양식을 의미합니다."

나는 "그렇군요. 양들이 한가롭게 풀을 뜯는 것은 주님의 말씀을 먹는 것을 의미하는 건가요?"

풀은 "네, 양떼가 푸른 풀을 찾아다니는 것은 생명의 양식을 찾아다니는 것과 같습니다. 양에게 풀은 하늘의 지식입니다."

나는 "양이 푸른 초원에서 풀을 찾아다니는 것은 주님의 백성이 생명의 양식을 갈망하는 것과 같군요."

풀은 "네, 그러나 풀이라고 할지라도 진리를 멀리하고 욕심으로 세상 재물만을 의지한다면 이는 마른 풀이 됩니다. 그것은 언젠가 시들고 불타서 결국 소멸되고 맙니다(계8:7). 인생이 풀과 같다는 말은 그것을 비유해서 한 말씀입니다." (사40:3).

나는 "모든 인생은 한낱 풀포기요 그 영화는 들에 핀 꽃과 같다. 풀은 마르고 꽃은 시든다고 했어요." (사40:6-8).

풀은 "네, 풀은 시들지만 하나님의 말씀은 영원히 있으리라고 했어요."

나는 "그 말씀은 무슨 의미이지요?"

풀은 "하나님의 말씀으로 거듭나면 어떤 시련이 와도 견뎌낸다는 의미입니다. 그 이유는 천국으로부터 받은 것을 가지고 다시 천국으로 되돌려지기 때문입니다."

나는 "그렇다면 생명의 양식을 먹어야 하지요?"

풀은 "주님은 썩어 없어질 양식을 얻으려고 힘쓰지 말고 없어지지 않을 양식을 얻도록 힘쓰라. 이 양식은 인자가 너희에게 주는 것이다. 하나님 아버지께서 인자에게 그 권능을 주셨기 때문이라고 하셨어요."

나는 "그러면 썩지 않을 양식을 얻기 위해 힘써야 하겠군요."

풀은 "네, 힘쓰라는 단어에는 많은 뜻이 함축되어 있습니다."

나는 "힘쓰라는 용어는 노동을 의미하나요?"

풀은 "네, 노동은 사람에게 부여된 하늘나라 재산입니다. 사람은 노동을 통해서 많은 수확을 얻습니다. 주님은 노동으로 물질적인 필요만 공급하시지 않으십니다. 노동을 통해 얻고자 하시는 영원한 목적이 있습니다."

나는 "영원한 목적이요?"

풀은 "노동을 통해 하늘과 땅이 조화를 이루는 것이 주님의 뜻입니다. 일을 통해 하늘나라 상급을 주시고자 하시는 것입니다."

나는 "하늘과 땅의 조화! 그것이 주님께서 영원한 목적을 이루시는 방법인가요?"

풀은 "그렇습니다. 그러므로 모든 인간은 주님의 일꾼입니다."

나는 "아! 그런데 인간들은 하늘 양식을 위해 일하지 않고 썩을 양식만을 위해 일하고 있습니다. 진리가 아닌 세상적인 것을 위해 애쓰고 있습니다."

풀은 "주님께서 이 땅에 오신 목적은 사람들로 하여금 영원한 목적을 위해 일하도록 하시기 위해 천국에서 오셨습니다."

나는 "주님이 오신 목적이 그렇군요. 그러면 영원한 양식은 무엇을 의미하나요?"

풀은 "영원한 양식은 선을 의미합니다."

나는 "잘 알겠습니다. 이제부터 영원한 양식을 위해 노동하겠습니다."

나는 풀과 대화하면서 노동과 인간의 삶의 목적을 다시금 생각하게 되었다. 양이 풀을 뜯는 것은 영원한 양식을 위해 일을 하는 천국 백성의 모형이다. 양의 삶은 천국 백성들의 삶과 일치하기 때문이다.

풀은 "풀이 흙에 뿌리를 내리고 꽃을 피우는 것은 주님의 말씀에 의지하며 살아가는 백성들과 같습니다. 다시 말해서 주님의 백성들은 말씀에 뿌리를 내리고 사는 존재입니다."

나는 "생명력이 강하군요?"

풀은 "그렇습니다. 풀은 생명력이 강하기 때문에 어디에나 잘 자랍니다. 봄이 되면 온 땅에 풀이 먼저 일어섭니다. 만주벌판의 들풀, 묘향산의 약초, 지리산의 산나물, 영변의 억새풀로 자랍니다."

나는 생명의 잉태를 생각하면서 창세기1장 1절을 생각했다. "태초에 하나님이 하늘과 땅을 창조하셨다. 땅은 아직도 제대로 꼴을 갖추고 있지 않은 상태였으며, 또한 아무 것도 생겨나지 않아 쓸쓸하기 그지없었다. 깊고깊은 바다는 그저 캄캄한 어둠에 휩싸여 있을 뿐이었고 하나님의 영이 그 어두운 바다 위를 휘감아 돌고 있었다. 하나님께서 `빛이 생겨나 환히 비춰라' 하고 명령하시자 빛이 생겨나 환히 비추었다. 하나님은 빛이 환하게 비추는 것을 바라보시고 무척 흐뭇해하셨다. 그렇게 보기 좋을 수가 없었던 것이다. 하나님께서는 빛과 어둠을 나눈 뒤 빛을 낮이라 부르시고 어둠을 밤이라 부르셨다. 이렇게 저녁이 지나고 다시 아침이 되어 하루가 흘러갔다. 첫째 날이 지난 것이다."(창1:1-5)

주님은 캄캄한 어둠에 싸여 있는 곳에 빛을 비추셨다. 다시 말하면 모양과 틀이 갖추어져 있지 않은 상태, 깊은 어둠과 혼란과 거짓이 둥지를 틀고 있는 상태, 비어 있어 생명력이 없는 상태에 주님의 기운이 운행하였다는 의미이다.

마치 암탉이 알을 품듯이 주님은 세상을 품으셔서 생명을 주셨다. 혼돈 속에 주님의 기운이 먼저 운행했다. 주님은 어둠이 팽배해 있는 그 상태에 빛을 주셨다. 가장 근본 되는 것을 인간에게 주입하셨다.

아! 나는 나의 어두운 심령에 깨달음을 주시는 주님을 찬양한다. 자기 애착으로 삶의 기준을 삼으며 자기가 사랑하는 것은 뭐든지 선으로 여기고 자기가 생각하는 것은 뭐든지 진리로 여기면서 살아왔던 나는 한마디로 혼돈의 상태였다. 그런데 그런 나에게 주님께서 진리의 깨달음을 주시고자 찾아 오셨다.

주님은 말씀하셨다. '너희가 너희의 죄 가운데서 죽을 것이라고 말하였다. '내가 곧 나' 임을 너희가 믿지 않으면, 너희는 너희의 죄 가운데서 죽을 것이다." (요.8:24).

정말로 주님이 우리에게 먼저 다가오지 않았다면 깊은 어둠 가운데 그대로 죽을 수밖에 없었다. 하지만 주님은 내게 찾아 오셨고 진리의 빛을 주셨다. 빛은 본질에 있어서 지혜이기 때문에 수용하고자 하는 애착의 정도에 따라서 채워진다.

시편에 하나님은 빛 가운데 거하신다고 하였고, 요한계시록에서는 새예루살렘은 등불이 따로 없으니 주님께서 친히 비추신다고 하였고 요한복음에는 말씀은 세상의 모든 자를 비추는 빛이라고 하였다.

그 빛으로 인해서 나는 생명을 얻은 자가 되었다. 나는 그 빛을 사랑하게 되었다. 사랑하는 만큼 내게 빛이 들어오기 때문이다. 마치 한 알갱이의 씨가 생명력이 파괴되지 않고 땅 속에 오랜 기간 묻혀 있다가 씨는 봄이 되어 싹을 트고 꽃이 피게 된 것과 같다. 빛은 진리의 세계이다. 천국의 진리는 마음속 깊은 곳에 머물러 있다가 믿음의 싹이 트이게 되었다. 마치 양을 위해 준비된 풀과 같다.

풀과 헤어지고

우슬초를 만나다

나는 바람이 부는 쪽으로 길을 정했다. 길가에 기분 좋은 향이 풍겨났다. 나는 그 향기 나는 풀을 자세히 바라보았다. 그러자 그 풀이 내게 말을 걸었다.

풀은 내게 정답게 말을 하였다. "안녕하세요. 무엇을 그리 열심히 보시나요?"

나는 그 풀의 따뜻한 말에 대답하였다. "향기가 좋군요. 당신의 이름은 무엇인가요?" 그러자 풀은 대답하기를 "우리는 우슬초라고 합니다."

나는 "아! 우슬초이군요. 나는 마음의 세계에 다니면서 진리를 찾고 있습니다. 좀 더 당신을 알고 싶습니다."

우슬초는 "우리는 성경에서 피와 물을 뿌리는데 도구로 쓰였고

(출12:22, 레14:5-6), 처형되는 자의 갈증을 덜어주는데(요19:29) 쓰였

습니다."

나는 "그래요? 주님께 마시게 했던 그 갈대 말인가요?"

우슬초는 "그렇습니다. 해융에 신포도주를 적셔서 예수께 마시

게 했던 갈대입니다."(요19:29).

나는 "사람들은 당신을 뭐라고 부르나요?"

우슬초는 "우리는 주로 향기를 내기 때문에 라벤더, 백리향, 세

이지, 박하류, 세이버리, 박하 등의 종류가 있습니다."

나는 "주로 어디에 쓰이지요?"

우슬초는 "향기가 매우 강하기 때문에 요리나 의약용 혹은 과자

만드는 데 씁니다. 페퍼민트는 톡 쏘는 맛이 있기 때문에 사람들

이 좋아합니다."

나는 "의료용으로는 어디에 좋지요?"

우슬초는 "신경성 위염이나 복통을 진정시키는 데 쓰입니다. 한

방에서는 동의보감에 피를 맑게 하고 피의 흐름을 촉진시킨다고

하였습니다."

나는 "그러면 마음의 세계에서는 당신을 뭐라고 말합니까?"

우슬초는 "우리를 옷에 뿌리고 약재로 쓰고 요리에 곁들이기 때문에 조화와 기쁨을 촉진시키는 지혜의 상징으로 여깁니다. 은근하고 검소한 향기는 일체감을 말합니다. 거짓과 죄악의 사슬에 고통당하는 이웃을 위해 사랑의 진리를 뿌려 위로하고 영적 생명을 위해 선행함은 교회의 일입니다."

나는 "향기는 무엇을 의미하나요?"

우슬초는 "성경에 너에게 향신료를 가져오게 하라(출30:34)는 구절이 있어요. 그것은 진리에 대한 애정을 의미합니다."

나는 "천사들이 금향로를 가지고 와서 제단에 섰다(계8:3)고 했는데, 무슨 의미이지요?"

우슬초는 "금향로는 순수한 선한 마음으로 드리는 예배를 의미합니다."

나는 "한 가지 더 묻겠습니다. 향신료를 실어 나르는 낙타들(창37:25)은 무슨 의미이지요?"

우슬초는 "선과 하나된 자연적 진리들을 의미합니다."

나는 "모세가 이스라엘 모든 장로에게 유월절 양으로 잡고 우슬초 묶음을 가져다가 그릇에 담은 피에 적셔서 그 피를 문 인방과 좌우 설주에 뿌리라고 했어요. 무슨 의미이이지요?" (출12:22).

우슬초는 "시인은 우슬초로 죄를 씻으소서! 저는 깨끗해질 것이라고 말했습니다. 우슬초로 죄를 씻는 것은 순수해진다는 의미입니다(시51:7). 그러므로 우슬초 다발을 가져오는 것은 외적으로 순수해지는 것을 의미하는 것입니다."

나는 "그것을 왜 피 안에 담그라고 했을까요?"

우슬초는 "피안에 담그라는 의미는 순수함을 가지고 거룩한 진리를 따르라는 것을 말합니다."

나는 우슬초를 보면서 어린아이같이 순수하고 깨끗한 상태를 생각했다.

성경에는 하나님의 나라를 어린 아이와 같이 받들지 않는 자는 결단코 그 곳에 들어가지 못하리라(막10:14-16)고 했다. 어린아이는 순진무구 상태를 말해주고 무엇을 회복해야 하는지를 가르쳐 준다.

그러므로 순진무구를 알려면 갓난아이의 순수한 얼굴을 보아야 한다. 우리는 순수한 아이의 얼굴에서 맑고 깨끗한 인간의 상태를 본다. 아이들은 자신들이 그런 얼굴을 가지고 있다는 사실조차 모르고 재미와 모험의 나라를 찾는다. 아이들은 자신이 벌거벗고 다니면서도 전혀 부끄러움이 없고 옳고 그름의 인식조차 없다.

마찬가지로 사람들의 때가 묻지 않은 아마존과 같은 밀림 지역의 부족들도 벌거벗은 채 살아간다. 그들 역시 자신의 벌거벗음에 대해서 부끄러워하지 않는다. 이들은 자신의 소유를 주장하지 않으며 무엇이든 공용으로 나누어 쓰면서 사이좋게 살아간다.

인간은 벗으면서 살아갈수록 더욱 결백해지는 것을 본다. 그러나 욕심은 너와 나의 경계선을 만들고 제각기 더 많은 소유를 주장하게 하며 그로인해 전쟁과 싸움을 일으킨다. 옷을 벗고 산다는 것은 격식의 구분 없이 살아간다는 의미이다. 이것이 외모를 중시하는 현대인들에게는 미개해 보이지만 감출 것 없이 투명하게 살아가는 것은 욕심과 재물에 대한 집착으로부터 해방된다.

순진무구는 변질되지 않은 순수한 의도의 상태이다. 순도 백퍼센트의 금처럼 아이들은 의도와 목적이 파괴되지 않았다. 그러므로 아이들은 언제든 잘못된 길을 가더라도 목적과 궤도를 수정할 수 있다. 또한 상처를 받더라도 회복할 수 있는 힘이 그만큼 강하다. 물론 아이들도 잘못된 짓을 할 수는 있다. 나는 그 행위를 말하는 것이 아니라 그들의 순진무구한 상태를 말하고 있다.

우슬초와 헤어지고

쑥을 만나다

나는 쑥을 보았다. 한방에서 쑥은 몸을 따뜻하게 하고 독성을 제거하는 데 쓰인다. 사람들은 옛날부터 허기를 채우기 위해서 산과 들 어디에나 널려 있는 쑥을 캐서 국을 끓여 먹으면서 배고픔을 달랬다. 나는 은은한 향기를 풍기고 있는 쑥을 찾아가 말을 건넸다.

나는 "나는 마음의 세계를 다니면서 진리를 찾고 있습니다. 당신에 대해 말씀해 주시기를 부탁드립니다."

쑥은 "사람들은 우리를 어디에나 자라기 때문에 생존력이 강한 풀로 인식합니다."

쑥과 대화를 시작할 때 길을 지나던 나그네가 말을 거들었다. 그는 마음의 세계에서 쑥에 대해 많은 연구를 하는 분이었다. 그래서 그런지 몰라도 그에게는 쑥의 향기가 나는 듯하였다.

나그네는 "마음의 세계에서 쑥은 독특한 쓴 맛 때문에 악한 교훈(신29:18)이나 세속적이고 탐욕적인 가르침(잠5:4)을 의미합니다."

나는 "탐욕적인 가르침이라고요? 그렇다면 쓴 맛은 거짓 교훈을 의미하나요?"

나그네는 "네, 독선적 교리입니다."

나는 "종교적인 독선을 말하나요?"

나그네는 "네, 그래서 쑥으로 취하고 쑥으로 배부르다고 하였습니다. 쑥으로 취하고 배부르다는 것은 욕심이 뒤섞인 교리를 만들어 그것을 부풀리고 확장하는 것을 의미합니다. 그래서 쑥은 예루살렘의 거짓 예언자들에게 먹이는 심판의 잔에 빗대기도 합니다." (렘23:15).

나는 "심판의 잔이요?"

나그네는 "네, 진리를 짓밟은 거짓 선지자들에게 먹인 쑥은 근본적인 진리를 왜곡시키는 자들이기 때문입니다."

나는 "요한계시록에 보면 쑥이라고 부르는 큰 별이 떨어졌다고 했어요. 무슨 뜻이지요?" (계8:11).

나그네는 "쑥은 인간의 지혜를 의미합니다. 결국 진리의 지식이 거짓으로 왜곡된 것을 말합니다. 그로인해 물이 쓰게 되어 많은 사람들이 죽었다고 했습니다. 물이 쓰게 되어 죽었다는 말은 왜곡된 진리로 인해 영적 생명이 소멸됨을 의미합니다."

나는 "아! 무섭군요. 쑥의 독성이 그렇게 강한가요?"

나그네는 "네, 쑥물을 먹고 사람들이 죽었다고 하였습니다."

나는 "그렇다면 오늘날에도 쑥물을 만드는 지도자들이 있다는 것이네요? 그런 자들이 들어야 할 말이군요."

나그네는 "네, 그렇습니다. 그들은 박사학위를 내세우면서 자기 욕심으로 만든 아전인수 교리를 전파합니다. "

나는 "오늘날에도 단순하게 구원받았다고 말하는 자들이 많이 있지 않나요?"

나그네는 "그렇습니다. 그들은 구원특급열차를 탄 것처럼 말합니다. 이들은 자기 사랑이 우선이라고 말합니다. 그래서 결국 사람의 마음속에 천국의 진리를 밀어내고 욕심으로 가득차게 만듭니다."

나는 "일종의 궤변이네요?"

나그네는 "심지어는 세상에 사랑이 메말라 버린 이유를 하나님 때문이라고 말하기까지 합니다."

나는 "어쩌면 그렇게 말할 수 있지요?"

나그네는 "하나님이 사랑을 주시지 않아서 사랑이 없다고 말합니다. 세상에서 잘되면 자기들이 애써 노력해서 된 것이고, 잘 안되면 하나님이 인색하게 주시지 않으셨기 때문이라고 말합니다. 오늘날 부패한 인간들의 모습입니다."

나는 "왜 그렇죠? 진리에 대해 무식해서 그런가요?"

나그네는 "진리를 사모하지 않기 때문입니다. 교회는 교인들에게 하나님의 말씀의 깊은 의미를 찾아 주어야 합니다."

나는 "성경의 깊은 의미요? 지금까지 수박 겉핥기식으로 성경을 보았던 것이 사실입니다. 우리들의 잘못을 시인합니다."

나그네는 "네, 진리에 대해 순수한 마음을 가져야 합니다. 아무리 귀한 진리가 있더라도 순수하게 받아들이지 못하면 과거 유대인이 예수님을 배척했듯이 진리를 왜곡하게 됩니다."

나는 "주님께서 유대인의 문제점을 지적해 주셨을 때 유대인들은 주님을 잡아 죽일 궁리만 했습니다. 그들이 순수하지 않아서 그런가요?"

나그네는 "그렇습니다. 잘 보셨습니다. 정말로 인간이 진리를 실천하고자 하는 의도가 있다면 진리 앞에 회개했을 것입니다."

나는 "말을 듣고 보니 저도 부끄럽습니다. 이제라도 진리를 제대로 배워야 하겠군요."

나그네는 "이스라엘이 진리를 등졌을 때 쑥을 먹고 쓸개를 핥아야 했습니다."(애3:18).

나는 "그렇군요. 쑥은 욕심에 의해 왜곡된 거짓을 말한다면 쓸개는 무엇인가요?"

나그네는 "쓸개는 거짓을 실천하고자 하는 의지를 의미합니다."

나는 "아! 그렇군요. 그런데 곰이 쑥을 먹고 사람으로 변했다는 전설이 있어요. 그러니까 쑥은 거짓으로 죽는 것이지만 그것이 곧 다시 살아날 수 있는 기회가 되기도 하는 건가요?"

나그네는 "쑥은 육신의 정욕, 안목의 정욕, 이생의 자랑을 말하는데, 쑥을 먹고 있다면, 영적으로 다시 태어나야만 합니다(계 8:11). 전설에 곰이 쑥을 먹은 것은 짐승으로는 죽어가는 과정을 말하는 것 같습니다. 그리고 사람으로 다시 태어나지요. 하하! 사람으로 거듭나려면 죽어야 하고 살아야 하는 과정이 필요하거든요."

나는 "아! 그러면 쑥의 효능이 그런 건가요?"

나그네는 "쑥의 생약 성분을 보면 쑥은 하나님의 심판인 동시에 사랑을 담은 탕약이라고 할 수 있습니다."

오늘 교회 안에 들어온 세상 욕망과 욕심의 기운은 이미 퍼질 대로 퍼졌다. 초대교회 교인들이 이 시대 교회를 보면 눈이 뒤집힐 정도일 것이다. 그것은 모두 진리에 대해 순수함이 사라진 징조이다. 남편에 대해 순수함이 사라진 아내는 남편의 말에 귀담아 듣지 않고, 무시하거나 의심하기 일쑤이다. 그리고 뱀의 말을 들은 하와처럼 세상의 정욕적인 말에 더 큰 관심을 갖는다.

순수함이 사라진 교회 지도자들이 욕심이 점점 커져서 심지어 동성애를 지지하거나 대형 교회에서는 세습을 하거나 교회의 재정 지출을 사사로이 사용하거나, 신학교를 만들어 학생들로부터 등록금을 받으면서 싸구려 목사를 양산하든지 또한 무리하게 건축하여 어마어마한 건축 지출의 비리가 생기는 등 이루 말로 하자면 한도 끝도 없다.

권력과 재물의 욕심을 절충하여 적당하게 진리를 전한다면 그것은 거짓이고 쑥이라고 이름 하는 큰 별이 떨어진 것이다.

쑥과 헤어지고

갈대를 만나다

나는 갈대를 보았다. 갈대는 물가나 습지에서 자라는 풀이다. 고대에 갈대는 주거용 바닥 깔개로 쓰였고, 주님께서 노끈으로 채찍을 만드셨을 때 갈대를 사용하셨다. 왜냐하면 당시에는 갈대를 새끼 꼬아서 짐승의 고삐로 사용하거나 채찍으로 사용하였기 때문이다.

나는 갈대에게 다가가 "나는 진리를 찾으러 마음의 세계에 다니고 있습니다. 당신에 대해 말씀해 주시기를 부탁드립니다."

갈대는 "우리는 고대로부터 이집트나 팔레스타인 지역에 무성하게 자라는 풀입니다. 사람들은 우리를 종이의 원료로 사용했습니다."

나는 "아! 당신을 두루마리로 말아서 사용했군요?"

갈대는 "성경에는 에디오피아인이 갈대배를 물에 띄웠다고 하였습니다." (사18:2).

나는 "아! 갈대로 배를 만들기도 했군요. 마음의 세계에서는 무엇을 의미하나요?"

갈대는 "마음의 세계에서 우리는 삶의 기초적인 도덕과 윤리입니다. 다시 말해서 진리의 기초 지식을 의미합니다."

나는 "아! 믿음의 첫걸음을 시작할 때의 지식을 말하는군요?"

갈대는 "그렇습니다. 우리는 높은 진리의 깨달음은 아니지만 옳고 그름을 구별하는 지식이나 선악을 구별하는 생각과 이웃에 대한 기본적인 자세를 말합니다."

나는 "음.. 율법적 지식을 말하는군요."

갈대는 "네, 율법적 지식이기는 하지만 영적인 깨달음에 뿌리를 내리고 있습니다."

나는 "율법은 사람들에게 무슨 영향을 끼쳤나요?"

갈대는 "율법은 유대인들을 이집트와 앗수르의 억압에서 보호해 주었습니다."

나는 "아! 그렇군요. 유대인들이 율법적 지식으로 삶의 규칙을 갖게 해주었군요. 그런데 만일 율법을 가지고 세상에서 실천하거나 선용하지 않는다면 어떻게 될까요?"

갈대는 "율법은 실천하기 위해 존재합니다. 율법을 실천하지 않는다면 경직된 신념으로만 남게 될 것입니다."

나는 "그런 경직된 신념이 교회에 들어오면 어떻게 되지요?"

갈대는 "그런 신념이 교회에 들어오면 교권이나 세속주의에 빠집니다."

나는 "그래서 주님께서 갈대로 양과 비둘기를 묶어서 파는 장삿꾼을 성전에서 몰아내셨나요?"

갈대는 "그렇습니다. 그들은 세속주의를 정당화시켰던 이들입니다. 갈대로 양과 비둘기를 묶었다는 것은 군림의 자세를 의미합니다. 삶의 표준이 되는 진리의 잣대로 남을 묶어 버리는데 사용했다는 의미입니다."

나는 "자기 욕심을 채우기 위해 율법을 이용했군요."

갈대는 "그렇습니다. 자기 식대로 이웃을 억압하기 위해 율법을 사용하면 주님을 모독하는 것이 됩니다(계11:1). 인간들이 자기 마음대로 잣대를 가지고 타인을 묶어서 억압의 재료로 쓰는 것입니다."

나는 "그렇다면 갈대는 주로 어디에 쓰입니까?"

갈대는 "우리는 줄기가 곧고 단단해서 잣대와 펜으로 쓰였습니다. 다시 말해서 일상적 원리가 되는 지식을 말합니다."

나는 "일상적 원리가 되는 지식이라! 그렇다면 그런 지식은 삶의 가치를 재는 잣대인가요?"

갈대는 "네, 갈대는 말씀의 기초적인 규례와 법을 상징합니다."

나는 "당신의 곧고 단단한 줄기는 삶의 기준을 상징하는군요?"

갈대는 "네"

나는 "이집트의 왕이 유대인들의 숫자가 불어나고, 전쟁이 발발할 경우를 대비해서 태어나는 영아들을 모두 죽이라고 했을 때 모세를 숨겨 키우다가 갈대 상자를 만들어 물위에 띄웠습니다(출 2:1-4). 아기 모세를 담은 갈대 상자는 무엇을 의미하나요?"

갈대는 "네 그것은 진리의 기본적인 법과 규례를 의미합니다."

나는 "율법을 말하는 건가요?"

갈대는 "그렇습니다. 그것은 율법적 진리를 의미합니다. 모세가 갈대상자 안에 있다는 의미는 율법의 근원을 의미합니다."

나는 "율법은 무엇을 말합니까?"

갈대는 "문자적 진리를 의미합니다."

나는 "주님께서 비유로, 하늘나라 교육을 받은 율법 학자는 마치 자기 곳간에서 새 것도 꺼내고 낡은 것도 꺼내는 집주인과 같다고 했습니다(마13:52). 무슨 의미이지요?"

갈대는 "진리로 교육받는 이들은 율법과 율법 속에 있는 영적 의미로 삶을 건설한다는 의미입니다."

나는 "율법학자는 하늘나라 법을 가르치는 선생인가요?"

갈대는 "네, 율법 학자들은 학식 있는 계층으로 율법을 가르치는 임무를 띠고 있습니다. 율법 학자는 진리의 총명한 상태를 의미합니다."

나는 "그렇군요. 우리들도 그렇게 될 수 있을까요?"

갈대는 "기독교인은 모두 영적인 율법 학자입니다. 율법 학자의 직분은 아름다운 것입니다. 그러나 유대인들이 죄악에 빠졌을 때 율법학자들은 위선자가 되어 백성을 억압하는 권세를 행사했습니다."

나는 "그러니까 진리를 이해해야할 총명이 무너져 내린 것이군요? 그들이 새것과 낡은 것을 꺼낸다는 말씀의 의미는 무엇이지요?"

갈대는 "교육받은 율법 학자가 보물창고에서 새것도 꺼내고 낡은 것도 꺼내는 집주인과 같다는 말은 천국의 선하고 참된 원리가 사람 안에서 건설된다는 말입니다. 보물이란 선하고 참된 원리를 말합니다."

나는 "새것과 낡은 것은 무엇을 말하지요?"

갈대는 "새 것은 말씀의 영적 의미에서 오는 삶을 말하고, 낡은 것은 말씀의 문자적 의미에서 오는 것인데 행동에 대한 교훈을 말합니다. 자세하게 설명해 드리자면 새것은 속살이고 낡은 것은 겉껍질이라고 말할 수 있습니다."

나는 "왜 낡은 것이라고 하나요?"

갈대는 "문자적인 것은 낡은 것이라 불리는데, 그 이유는 생명의 근원으로부터 멀리 있기 때문입니다."

나는 "그러면 어느 것을 섬겨야 하나요?"

갈대는 "바울은 말하기를 글자에 속하는 옛것을 섬기지 말고 영에 속하는 새것을 섬겨야 한다고 말했습니다."

나는 "네, 새 것과 낡은 것 두 가지를 곳간에서 꺼낸다는 뜻은 무엇을 말하지요?"

갈대는 "율법은 취소되는 것이 아닙니다. 어떤 이는 율법을 지킬 필요가 없다고 말합니다. 그러나 오히려 주님은 율법을 그분의

인성 속에서 성취하셨습니다. 그래서 우리가 율법을 성취 가능
하도록 만들어 주셨던 것입니다."

나는 "어렵군요."

갈대는 "다시 설명해 드리지요. 예수님은 인간에게 선과 악 사이
에 선택할 자유를 회복시키심으로 율법을 성취할 능력을 우리에
게 회복시켜 주시었습니다."

나는 "율법은 십계명을 말하나요?"

갈대는 "그렇습니다. 우리는 그 계명에 관한 법을 지켜야만 합니
다. 아마 과거 유대인이 준수한 이상으로 지켜야 합니다. 유대인
들은 율법을 문자대로 준수했지만, 우리는 문자와 함께 그 속의
영적 의미까지 지켜야 합니다."

나는 "그러니까 그 의미는 새 것과 낡은 것, 두 가지를 꺼내서 삶
속에 실천해야 하는 것이군요?"

갈대는 "주님의 은혜와 진리는 모세를 통해 주어진 율법을 폐기
하지 않았습니다. 다시 말해 진리의 영적 의미는 말씀의 문자를
폐기하지 않았다는 말입니다."

나는 "무슨 말이지요?"

갈대는 "그러니까 주님께서 만일 너희가 영원한 생명으로 들어

가려거든 계명을 지키라고 주님은 말씀하셨습니다."

나는 "주님께서 부자 청년에게 하신 말씀이지요?"

갈대는 "네, 주님께서는 청년에게 모세를 통해 주어진 십계명을 인용하셨습니다."

나는 "아! 그러니까 영적 의미와 문자적 의미의 양면이 필요한 것이군요?"

갈대는 "그렇습니다. 이 두 가지를 분리해서는 안 됩니다. 둘은 인간의 영혼과 몸이 하나를 이루듯 하나이기 때문입니다. 주님께서 말씀의 글자와 영을 하나 되게 하셨듯이 우리도 진리를 아는 것과 실천하는 것에 하나를 이루어야 합니다. 하나님께서 짝지어주신 것이기 때문입니다." (마18:6).

나는 "세상은 영에 속한 것을 사랑하지 않습니다. 과거 유대인들이 그랬듯이 세상은 사과 껍질과 같은 낡은 것만을 붙들고 있습니다."

갈대는 "네 그렇지요? 그러나 곳간을 열어 진리의 속살 즉 영적인 의미를 준다면, 그는 선을 행하게 될 것입니다. 영적인 양식은 육체를 먹이는 양식보다 훨씬 더 가치가 있습니다. 그러나 이 세상에서 두 종류의 빵은 필수적입니다."

나는 "그러면 우리가 율법학자라는 말인가요?"

갈대는 "네, 하하! 인간은 자기 마음에 날마다 각자의 삶을 깊게 새기고 있습니다."

나는 "인간은 삶을 통해서 자서전을 쓰고 있다는 말이네요?"

갈대는 "네 그렇습니다. 자서전은 자신의 행위록 입니다."

나는 "자신의 일생 행위가 다 기록이 되나요?"

갈대는 "네, 그렇습니다. 하나도 빠짐없이 낱낱이 기록됩니다."

나는 "그리고 그 후에는요?"

갈대는 "그리고 이후에 저 세상에서 분명하게 드러나게 됩니다."

나는 문자 속에 들어 있는 영적인 의미를 찾지 않는 현대 교회를 안타깝게 생각한다. 만일 구약의 율법 속에 들어 있는 영적 의미를 찾지 않는다면 앞뒤가 맞지 않는 구절이 나올 때는 무작정 넘어갈 수밖에 없다. 성경은 하늘나라의 진리를 주시는 책임을 알아야 한다. 이 책은 역사책이 아니며 동식물 교본도 아니다. 성경에 있는 함축된 깊은 의미를 찾는다면 모두 율법학자가 될 수 있다. 이것이 너무 신나는 일이다.

율법학자가 새것과 낡은 것을 번갈아 꺼내듯이, 영적의미와 문자적 가르침을 잘 조화해서 삶속에서 실천해야 한다.

성경의 문자적 의미와 영적 의미는 인간의 육체와 영의 관계와 같다. 이 두 관계는 서로 아무런 관계가 없는 듯 여겨진다. 사실 생물학자가 아무리 인간의 육체를 연구했다고 할지라도 그것으로 영의 존재를 이해하는 수준까지는 오를 수 없다.

그래서 노골적으로 신을 부정하는 사람들 중에는 자연과학을 공부한 자들이 적지 않다. 왜 그런가? 그 이유는 겉으로 보기에 영과 육체는 전혀 공통분모가 없는 듯 보이기 때문이다. 그러나 순수한 의도를 가지고 마음을 열고 영적의미를 알고자 하는 자들은 진리의 빛으로 다가오시는 주님의 비밀을 알게 된다.

전에 어느 보수교단의 목사가 내게 하는 말이 성경을 왜 문자 그대로 말하지 않고 영적 의미를 찾느냐고 항변하였다. 나는 그에게 성경에 어린 양께 경배하라고 할 때 실제적으로 어린양 한 마리를 두고 엎드려서 경배하는가? 하고 되물었다. 그는 그렇지 않다고 하였다. 그렇다면 어린양을 물질적인 양으로 보지 않고 주님을 상징하는 것으로 본다면 그것은 영적 해석이 아닌가? 하였다.

성경은 "내가 입을 열어 비유로 말하며 예로부터 감추어졌던 것을 드러내려 한다."(시78:2)고 하였고, 주님께서도 "무리에게 비유로 말씀하시고 비유가 아니면 아무 것도 말씀하지 아니하셨다."

(마13:34).

성경의 비유를 통해 영적 의미를 조화시켜 보면 성경의 깊은 세계로 들어갈 수 있게 된다. 간혹 보수적인 분들은 성경의 과학적 이해와 역사적 사건에만 연관시켜서 보는데, 그러다보면 문자 속에 담긴 영적 의미를 잃어버리기 쉽다.

그러나 반대로 의미에만 매달리다보면 현실감과 역사의식을 간과할 수 있다. 그러므로 둘의 관계를 밀접하게 볼 수 있는 통찰력이 필요하다.

성경의 비유는 상징 언어로 이루어진 거대한 숲이다. 숲속에 있는 나무와 짐승과 새만 보면 숲을 제대로 이해했다고 볼 수 없다. 숲을 제대로 이해할 수 있는 방법은 그 숲이 사람과 조화와 일체를 이룰 때, 바로 알 수 있게 된다.

다시 말해서 상징적 의미를 바로 알아서 주님과 우리의 관계를 생생하게 드러내도록 해야 하는 것이다.

갈대와 헤어지고

삼을 만나다

나는 삼을 보았다. 삼은 삼과에 속하며 껍질은 삼베와 삼실을 내고, 씨앗은 식용, 약용, 사료에 쓰인다. 삼은 베옷을 만들며 잎과 꽃은 마약 성분이 들어 있다. 성경에서 말하는 세마포는 가는 삼실로 짠 삼베를 말한다.

인류의 문명은 옷과 함께 발전해 왔다고 해도 과언이 아니다. 성경에 "꺼져가는 심지"(사42:3)라고 말한 심지는 삼을 꼬아서 만들었다. 성경에서 베나 베옷은 삼베나 무명 베, 명주 베에 해당되는 말이다. 세마포와 모시는 약간 다르다. 세마포는 가는 삼실로 짠 천이므로 삼베이지만 모시는 주로 한국, 일본, 중국에서 자라는 쐐기풀과 식물의 줄기껍질에서 실을 뽑아 만들었다.

나는 삼에게 다가가 인사를 했다.

"나는 마음의 세계에서 진리를 찾아다니고 있습니다. 당신에 대해 알려 주시기를 바랍니다."

삼은 반갑게 맞이하면서 말하기를 "우리는 하늘의 군대들이 입는 희고 깨끗한 세마포를 만드는 재료입니다." (계19:8,14).

나는 "세마포는 무엇을 의미하나요?"

삼은 "세마포는 성도들의 옳은 행실을 의미합니다."

나는 "사람마다 옷을 입고 사는데, 어떤 옷을 입어야 하나요?"

삼은 "옷차림이 그 사람의 직업, 지위를 암시해 주듯이 마음의 세계에서 옷은 그 사람의 성품과 삶을 말합니다. 진리는 각자의 마음을 입고 있습니다. 옷은 사람의 영적 품격을 드러냅니다. 올바른 자는 진리의 옷을 입고 세속적인 자는 거짓으로 얼룩진 옷을 입습니다."

나는 "그렇다면 생각이나 지식도 하나의 옷이라고 볼 수 있나요?"

삼은 "그렇습니다. 사람들이 사랑하는 것은 무엇이든 그에게는 옷이 된다고 볼 수 있습니다."

나는 "그러면 주님도 옷을 입나요?"

삼은 "주님은 빛으로 옷 입으신다고 했습니다. 천사들은 지혜의 옷을 입으며 사람은 깨달음이 그의 옷입니다."

나는 "그렇다면 옷은 생명의 상태를 보여주는 건가요?"

삼은 "네, 저마다 생각과 지식이 모여져서 그의 옷이 됩니다."

나는 "제자들이 예수의 시신을 모셔다가 고운 베로 감았다고 했습니다(요19:40). 무슨 의미이지요?"

삼은 "예수의 시신은 유대인에 의해 죽임당한 선을 의미합니다. 제자들이 예수의 시신을 두룬 세마포 천은 선을 감싸는 진리입니다."

나는 "세마포 옷은 의로운 행실을 의미하지요?" (계19:8).

삼은 "그렇습니다. 의는 삶속에 나타나는 진리입니다. 이런 진리는 제자들로 하여금 새 생명으로 부활하도록 준비시킵니다."

나는 "주님께서 빛을 옷 입는다고 했는데, 빛은 무엇이지요?"

삼은 "네, 주님은 진리의 빛 안에 그분의 모든 속성을 들어 있습니다. 주님이 변모하실 때 그분의 옷은 희고 광채가 났다고 했습니다."

나는 "진리의 옷이기 때문인가요?"

삼은 "그렇습니다. 예수께서 기적을 가장 많이 행하신 동네에서 회개하지 않으므로 이렇게 말씀하셨습니다. 너희에게 베푼 기적들을 두로와 시돈에서 보였더라면 그들은 벌써 베옷을 입고 재를 머리에 쓰고 회개하였을 것이다." (마11:21).

나는 "회개는 진리에 대해 돌이키는 것이요?"

삼은 "삼베옷을 입고 재를 머리에 쓰는 것은 회개를 의미합니다. 사람들이 단단하게 굳어진 마음으로 인해 진리를 받지 않으면 거짓과 악이 지배합니다. 그로 인해 슬퍼하고 애통하는 것을 말합니다."

나는 "저도 진리가 없음으로 슬퍼하고 애통하기 원합니다. 그런데 잘 되지 않아요."

삼은 "주 여호와께서 슬피 울며 통곡하고 대머리가 되고 삼베옷을 걸치라고 요구하실 것이라고 하셨습니다. 이 말씀도 회개를 의미합니다." (사22:12).

나는 "대머리는 무엇인가요?"

삼은 "네, 대머리는 선에 대한 애정 소멸을 의미하고 삼베옷은 진리에 대한 애정 파괴를 의미합니다."

나는 대머리가 무엇을 의미하는지를 생각했다. 아담이 '내가 벗었으므로 두려워하여 숨었나이다' (창3:10)고 고백한 상태는 수치심 때문이라고 볼 수 있다. 수치심은 아담 이래로 모든 인간이 겪는 고통이다. 나는 수치심으로 인해 극단적인 삶의 방식을 가지고 살아가는 인간들의 모습을 보았다.

수치심은 타인에 의한 자의식이다. 남이 자신을 어떻게 보는지를 유심히 살피고 자신을 비참하다고 느끼는 것이다. 그리고는 타인이 자신을 우습게보거나 무시한다고 여겨서 방어벽을 쌓고 타인을 경멸한다든지 반대로 자신의 무력함을 느끼고 숨어버리는 행위를 한다.

이런 타인에 대한 자의식은 성경이 말하는 대머리와 같은 상태이다. 대머리는 진리가 없는 빈껍데기와 같은 치욕스러운 상태이다.

자신의 거짓되고 황폐한 부분을 타인에게 드러날 것에 대한 두려움으로 불안해하며 떨고 있는 상태이다.

이에 대해 성경은 무엇이라고 말하고 있는가? 성경은 대머리에 대해 삼베옷을 걸치라고 말하고 있다. 너에게 진리가 없음을 회개해야 한다는 그런 말씀이다.

그러나 오늘날 회개하고자 하지 않고 도리어 나무 뒤에 숨어 있는 아담처럼 포장하고 변명하려는 것이 큰 문제이다. 자신의 아집과 고집에 숨어서 끊임없이 무언가에 몰입하면서 자기의 정당성을 내세우기를 준비하고 있다. 그리고 쾌락과 즐거움으로 모든 것을 잊어버리려고 하며 자신은 전혀 문제없는 듯이 행동하는 것은 자신이 진리보다도 높다는 지배욕이 자리 잡았기 때문이다. 즉 뱀의 머리이다.

이들은 자신의 잘못은 그 원인이 상대방에 있기 때문에 자신은 면죄 특권을 받을 수 있다고 말하며 그런 말에 동조하는 동료를 구하러 다닌다. 이미 가룟 유다의 생각 속에 예수를 팔고자 하는 것이 들어 왔듯이 그의 생각에 거짓된 망령이 왕 노릇하고 있는 것이다. 다시 말하면 지옥의 한 처소에서 올라오는 악령의 바람을 쏘이며, 숨어서 노략질하고자 전략을 준비하는 것과 같다. 참으로 불쌍한 종자가 아닐 수 없다. 그는 이미 마음에 타락한 본성이 자리 잡아서 흙을 먹고 사는 뱀처럼 된다. 그리고 자기를 화려하게 받아줄 악령의 소굴을 그리워한다. 순진무구함이 파괴되어 변질된 인간의 모습이다.

삼과 헤어지고

겨자를 만나다

주변을 살펴보니 겨자 채소 수풀이 있었다. 나는 3-4미터 정도 높이의 겨자 채소를 보았다. 성경에 겨자는 씨가 아주 작지만 다 자라면 새들이 앉을 정도의 큰 나무가 된다고 하였다(마13:31-32).

나는 겨자에게 다가가 "진리를 알고자 마음의 세계를 여행 중입니다. 당신에 대해 알려 주시기를 바랍니다."

겨자는 "주님께서는 우리를 믿음과 대비시켜 말씀하셨습니다. 겨자씨가 아주 작지만 성장한 후에는 많은 차이가 나는 것으로 믿음의 중요성을 강조하셨습니다."

나는 "작다는 표현은 무엇을 말하나요?"

겨자는 "그것은 자기중심적이라는 의미입니다."

나는 "아! 작다는 표현은 자기중심적이라는 뜻이 들어 있군요? 자신의 힘으로 뭐든지 하려고 시도하는 신념이군요."

겨자는 "그렇습니다. 천국을 바라보지만 자력으로 무슨 일이든 하려고 하는 온전하지 않은 상태입니다."

나는 "예를 들어 말씀해 주세요."

겨자는 "야고보와 요한이 주님의 좌우편에 앉게 해달라고 요청한 것은 자기중심적인 믿음이기 때문입니다."

나는 "아! 그래도 믿음이 있는 건가요?"

겨자는 "주님께 그 말을 했을 때는 동료를 화나게 했지만 그래도 믿음은 순수했습니다."

나는 "본래 믿음의 시작이 그런가요?"

겨자는 "반드시 그런 것은 아닙니다. 그러나 믿음생활의 초기에는 자기중심적인 태도에서 벗어나지 못하고 자기중심적인 논리에 빠지기 쉽습니다. 믿음이 성장할수록 겸손해지고 더욱 주님을 의지하게 됩니다."

나는 "나무가 성장하여 새들이 깃든다는 것은?"

겨자는 "새들이 깃든다는 것은 소중한 깨달음이 점점 더 커진다는 것을 의미합니다."

나는 "겨자는 풀인가요? 나무인가요?"

겨자는 "겨자는 둘 다 아닙니다. 우리는 채소입니다. 주님께서 하늘나라는 겨자씨에 비길 수 있다고 하셨습니다. 겨자씨는 모든 씨앗 중에서 가장 작은 것이지만 싹이 트고 자라나면 어느 푸성귀보다 커져서 공중의 새들이 날아와 그 가지에 깃들일만한 나무가 된다고 하셨습니다."

나는 "주님께서 그 말씀을 하시는 이유는 무엇이지요?"

겨자는 "주님께서 지금 그 말씀을 하시는 이유는 늘 넘어지고 쓰러지지만 용기를 잃지 않도록 격려해 주시는 말씀입니다."

나는 "그런가요?"

겨자는 "중요한 사실은 하늘나라를 진실한 마음으로 받아야 합니다."

나는 "아! 진실한 마음으로 받아들이면?"

겨자는 "만일 그렇다면 아무리 작은 믿음이라도 결국 풍성한 결과를 보게 됩니다."

나는 "풍성한 결과는 무엇인가요?"

겨자는 "그것은 마음의 세계에서 선입니다. 선이 제 아무리 작지만 마음에 뿌리를 내리면 옥토에 뿌려진 씨와 같이 자랍니다. 그래서 여느 푸성귀보다 가장 큰 푸성귀가 되고 그 다음에 나무가 된다는 의미입니다."

나는 "그 말씀은 영적 원리에 관한 말씀이군요."

겨자는 "그렇습니다. 믿음과 사랑이라는 영적 원리가 삶에서 하나를 이룰 때 나무가 됩니다."

나는 "그 후에는요?"

겨자는 "공중의 새들이 와서 그 가지에 둥지를 틉니다. 새는 사상을 의미합니다."

나는 "그러면 믿음이 성장할수록 진리의 깨달음이 더욱 많아진다는 그런 의미이군요."

겨자는 "잘 보셨습니다."

나는 "그러려면 어떻게 해야 하나요?"

겨자는 "세상적인 걱정과 근심을 벗어버려야 합니다."

나는 "그러면 성장할 수 있게 되나요?"

겨자는 "네, 세상 걱정이 사라지면 지혜롭게 되며 열매가 번성됩니다."

우리가 알아야 할 사실은 누구든지 선과 진실이 있다면 비록 작더라도 용기를 북돋아 주는 것이 참된 지혜입니다. 그러나 시작이 악하고 거짓되다면 애초부터 싹을 끊는 것이 지혜로운 방법이다.

나는 겨자씨 비유를 보면서 비록 볼품없는 시작이지만 진리의 시작을 독려하시는 주님의 섭리를 발견하게 되었다. 지금은 비록 작지만 그 결과의 풍성함을 예측할 수 없기 때문이다.

지금은 자신의 정욕으로 인해 악령의 꾀임에 빠져 잘못된 길로 가고 있지만 주님은 그 영혼이 영생복락을 누릴 수 있음을 미리 보시고 참고 인내하신다. 그 영혼의 선한 면을 보신 것이다.

성경에는 좋은 나무가 좋은 열매를 맺고 나쁜 나무가 나쁜 열매를 맺는다(마7:17).

하늘에 있는 수많은 믿음의 증인들도 초기에는 이렇게 시작했다. 그들도 처음에는 작은 믿음을 가지고 시험을 견디어 냈을 것이다. 그들도 초기에는 넘어지고 절망했다고 했지만 회개와 거듭남을 반복함으로 생명을 얻어 하늘에 이르렀다.

중요한 것은 생명력 있는 진리가 있느냐 하는 것이다. 생명력이 있는 진리의 씨가 심겨진다면 반드시 선하고 아름다운 결과를 가져올 것이다.

그러나 지식적인 믿음은 절대로 그런 성장이 올 수 없다. 믿음을 행함으로 증명해야 만이 위대한 결과를 가져오는데, 입으로 믿는다고 말하면서 행동으로 증명되지 못한다면 아무런 의미가 없다.

천국은 부피나 양으로 결정되는 나라가 아니라 영혼의 상태와 질적인 수준으로 판단되는 나라이다.

작은 씨가 커 가는 것을 유심히 살펴보자. 씨 안에 생명력이 있다. 하늘나라의 힘은 이 작은 씨 안에 존재한다. 씨의 운명은 생명의 법칙이 작동되는가에 달려있다. 그리고 그 결과는 성장과 성숙으로 이어진다. 마음에 진리의 씨가 작동된다면 그 결과는 확실하다.

중요한 것은 자신이 어디로부터 왔느냐가 아니라 어디로 목적할 것인가이다.

겨자와 헤어지고

정리 글

이제 김군의 마음 식물편을 마무리해야 할 것 같다. 나는 마음의 세계를 다니면서 여러 종류의 식물을 만나 대화하면서 진리를 구하고자 했다. 이 말은 자연만물 속에서 진리를 찾고자 하는 것이다. 신학자들이 흔히 말하는 자연이라는 일반계시에서 깨달음을 얻고자 했다. 우리가 자연만물을 보면서 아무런 감동 없이 그저 신비롭다거나 아름답다고만 말하고 그친다면 시간이 지나고 나면 모두 잊어버리고 말 것이다.

성경을 인간 영혼을 들여다보는 거울로써 대할 때 말씀 속의 진리는 우리로 하여금 새로운 세계를 보게 해주며, 출생부터 영원까지 영혼의 역사를 적나라하게 나열해 준다. 그러나 자연 속에서 영적 의미를 찾지 못하고 자연을 자연으로만 본다면 그 속에 들어있는 깊은 진리는 얻을 수 없다.

성경은 그 열매를 보고 나무를 안다고 하였다. 또한 좋은 열매를 얻으려거든 좋은 나무를 기르라고 했다(마12:33). 얼핏 단순하게 말하면 좋고 나쁜 나무가 어디 있는가? 그저 나무는 하나의 나무에 불과한 것 아닌가? 그러나 굳이 좋은 나무라고 표현을 한 것은 나무속에 들어있는 영적 수준이 있기 때문이다.

성경 창세기에 "여호와 하나님이 동방의 에덴에 동산을 창설하시고 그 지으신 사람을 거기 두시니라 여호와 하나님이 그 땅에서 보기에 아름답고 먹기에 좋은 나무가 나게 하시니 동산 가운데에는 생명나무와 선악을 알게 하는 나무도 있더라."(창2:8-9).

에덴동산이라는 말은 나무가 숲을 이루었다는 말이다. 마치 밀림지대를 연상하게 하지 않는가? 에덴동산을 단지 밀림으로만 여긴다면 아마도 성경을 제대로 이해하는 자가 아니라고 말해도 좋을 것이다. 그러나 만일 나무가 무엇을 말하는 것인지를 안다면 에덴동산이라는 의미가 금방 풀릴 것이다.

이는 그 당시 사람들의 영적 상태를 의미하는 것이다. 영적 상태 안에 생명을 이루는 나무도 있지만 선악을 알게 하는 나무도 있다는 것을 알아야 한다. 그러니까 나무가 동산을 이루었다는 말은 영적 지혜와 총명이 가득했다는 것이며 사람들에게 지각이 있었다는 의미이기도 하다. 그러나 인간이 죄를 범하고 진리의 동산에 머물 수 없게 되자 땀을 흘리며 애쓰지 않고서는 제대로 된 지식을 얻을 수 없게 되었다.

솔로몬의 지혜를 표현한 말 중에 "그가 또 초목에 대하여 말하되 레바논의 백향목으로부터 담에 나는 우슬초까지 하고 그가 또 짐승과 새와 기어 다니는 것과 물고기에 대하여 말한지라"(왕상 4:33)

솔로몬이 식물에 대해 말하기를 레바논의 백향목에서 우슬초까지 라고 한 부분인데 솔로몬의 지혜를 영적인 지식을 떠나서 말할 수 있겠는가? 솔로몬의 지혜에는 영적인 면이나 자연적인 지식에 이르기까지 포괄적으로 광범위한 지혜를 갖고 있었다는 그런 의미이다.

모세의 경우 불붙은 떨기나무 가까이 왔을 때 그가 서 있는 장소는 거룩한 땅이므로 발에서 신을 벗도록 주님께서 훈계하셨다. 불붙은 떨기나무의 기적 속에서 하나님은 우리들에게 육적이고 무가치한 생각을 제거하라고 말씀하시고 계신다. 그 이유는 우리들은 가장 거룩한 땅 위에 서 있기 때문이다. 얼마나 멋있고 장엄한 의미인가?

나는 식물의 의미를 깨달으면서 마치 모세의 떨기나무 장면을 보는 듯 했다. 자연을 보면서 의미를 찾고자 할 때 불붙은 떨기나무를 보면서 주님의 음성을 듣기 때문이다. 그러므로 영적 의미를 찾는 위대한 작업은 경외심을 갖고 서둘러야 하는 일생에 걸쳐 이루어야할 숙제이다.

그러면 나무는 무엇을 말하는가? 나무는 인간 내면세계의 지성적 원리를 표현한다. 그러니까 선한 사람 안에 있는 선한 원리를 "주님의 나무"라 부르고, 악한 사람 속에 있는 악의 원리는 열매를 맺지 못하는 나무라고 말한다.

시편을 보면 "나는 하나님의 집에서 싱싱하게 자라는 올리브나무 같이 한결같은 하나님의 사랑을 영원히 믿고 살리라"(시52:8). "의로운 사람아. 종려나무처럼 우거지고 레바논의 송백처럼 치솟아라"(시92:12).

올리브 나무는 주님을 사랑하는 원리이다. 사랑은 기름같이 따뜻하고 미끈미끈하다.

"당신은 정의를 사랑하고, 악을 미워하시기에 하나님, 당신의 하나님께서 즐거움의 기름을 다른 사람 제쳐놓고 당신에게 부으셨습니다"(시45:7). 이런 사랑의 원리가 올리브기름이다. 사랑의 원리가 애정, 생각, 행동 지침들을 다스릴 때 그는 거듭난 상태에 있게 된다.

동물은 의지적인 삶의 원리를 말하지만 식물은 깨달음의 원리를 의미한다. 식물의 열매 속에 있는 한 알의 알갱이에는 생명의 신비가 있으며, 무한한 생명력은 인간이 상상하기 어려울 정도로 번식한다. 씨가 땅에 심겨져서 뿌리, 줄기와 가지가 자라고 잎과 꽃이 피고 열매가 맺는 것은 생명력이며 영적세계의 확장이다.

식물도 동물과 마찬가지로 인류와 함께 번식하고 발전해왔다. 동물이 새끼를 낳아 종자를 번식하듯이 식물은 꽃을 피워 자궁을 만들어 그 속에 아기와 같은 열매를 맺는 것이다. 얼마나 위대한 신비의 세계인가?

동물과 식물이 다른 점은 동물은 능동적이고 역동적이라고 한다면 식물은 소극적이고 땅에 고정되어 살아가는 것뿐이다. 동물은 유기체가 아니면 먹지 못하지만 식물은 비유기체를 먹이로 삼는다.

식물의 종족번식의 노력과 본능이 자연의 힘만으로 가능할 것인가? 영적인 기원이 닿지 않고 자연스럽게 존재할 수 있는 것은 지구상에는 없다.

나는 식물의 위대한 점은 누구든지 와서 열매를 따먹어도 반항하거나 몸을 비틀지 않는다는 점을 말하고 싶다. 식물은 자기를 내어줌으로써 자기의 자리를 굳건하게 지킨다. 나는 이것을 보면서 사람도 자기를 희생할 때만이 자기의 정체성을 세울 뿐 아니라 소속된 일원으로 살아갈 수 있다는 것을 말해준다. 희생 없이 열매가 있겠는가?

성경으로 돌아가서 창세기에 등장하는 가인과 아벨의 제사를 유심히 살펴보면 아벨은 '양의 첫 새끼와 그 기름'을 바쳤는데 주님께서 그것을 받으셨지만 가인의 곡물은 받지 않으셨다. 왜일까? 이 구절에 대해 여러 가지 이론과 해석이 많지만 식물을 연구하는 자로서 그냥 지나칠 수 없다. 왜 주님께서는 곡물제사를 받지 않으셨는가? 하는 점이다.

이것을 제대로 이해하기 위해서는 동물과 식물의 상징적인 의미를 알지 않고서는 알 수 없다. 상징적인 의미에서 동물은 의지와 애착을 의미하고 식물은 이해와 지식을 의미하기 때문이다. 결국 주님이 원하시는 제사는 인간의 의지적인 삶을 원하신다는 것이다. 바울도 말하기를 너희 몸을 하나님이 기뻐하시는 산제물로 드리라고 하지 않았는가? 단지 머리로만 아는 껍데기 지식만으로는 부족한 것이다.

식물 자체 때문에 주님께서 거절하신 것이 아니다. 주님은 인간 내면에 의지를 원했다는 의미이다.

식물은 씨와 뿌리, 나무와 잎, 꽃과 열매로 나눈다. 식물의 씨와 뿌리는 무엇인가? 영적인 면에서 식물의 씨는 교훈을 의미한다. 진리의 교훈은 마음밭에 떨어져 뿌리를 내리고 꽃피고 열매를 맺는다. 줄기와 잎은 무엇인가? 줄기는 숨을 쉬면서 땅에서 수액을 빨아올린다. 잎은 햇볕을 받아들여 영양분을 수액 안에 받아들인다.

씨는 하나님의 말씀, 잎은 양심, 꽃은 깨달음의 기쁨, 열매로 선용의 삶을 대비한다. 진리로 심고 양심적으로 살면서 깨달음의 기쁨을 얻어 선용의 삶에 이른다. 이것이 나무의 일생이다. 좋은 나무를 통해 삶의 원리를 배워야 하지 않겠는가?

참고도서

· 김홍찬 『이노센스』, 한국상담심리연구원, 2002.

· 김홍찬 『내면의 아이 치유 코칭』, 한국상담심리연구원, 2011.

· 김홍찬 『순진무구 수치심을 치유하다』, 한국상담심리연구원, 2016.

· 김홍찬 『사람이란 무엇인가』, 한국상담심리연구원, 2015.

· 김홍찬. 『내적치유를 위한 365일 묵상』, 향심 .2004.

· 정영식, 『비유가 아니면 말하지 아니하였다』, 성서상징어연구, 보리, 1987.

· 김홍찬. 『김군의 마음』, 한국상담심리연구원.2017.

· 김홍찬. 『김군의 마음, 질병편』, 한국상담심리연구원.2017.

· 배제형. 『성경상응사전』, 도서출판 벽옥 2016.